U0724583

生态型露营旅游法律法规建设研究

白鹤举 ◎ 著

中国言实出版社

图书在版编目(CIP)数据

生态型露营旅游法律法规建设研究 / 白鹤举著. --
北京：中国言实出版社, 2023.7
ISBN 978-7-5171-4519-6

Ⅰ. ①生… Ⅱ. ①白… Ⅲ. ①旅游业－法规－研究－
中国 Ⅳ. ① D922.296.4

中国国家版本馆 CIP 数据核字 (2023) 第 115037 号

生态型露营旅游法律法规建设研究

责任编辑：代青霞
责任校对：张　丽

出版发行：中国言实出版社
　　　　　地　　址：北京市朝阳区北苑路180号加利大厦5号楼105室
　　　　　邮　　编：100101
　　　　　编辑部：北京市海淀区花园路6号院B座6层
　　　　　邮　　编：100088
　　　　　电　　话：010-64924853（总编室）　010-64924716（发行部）
　　　　　网　　址：www.zgyscbs.cn　电子邮箱：zgyscbs@263.net

经　　销：新华书店
印　　刷：北京俊林印刷有限公司
版　　次：2024年1月第1版　2024年1月第1次印刷
规　　格：787毫米×1092毫米　1/16　10.25印张
字　　数：226千字

定　　价：70.00元
书　　号：ISBN 978-7-5171-4519-6

前 言

PREFACE

随着旅游业的快速发展，生态型露营旅游作为一种环保、健康和可持续的旅游方式，受到了越来越多人的关注和喜爱。然而，与之相伴而生的挑战是如何建立一套健全的法律法规体系，以保护生态环境、确保旅游安全、规范土地利用以及保护和管理旅游资源。本书从多个角度出发，对生态型露营旅游领域的关键法律法规进行深入研究和分析。

第一章主要概述了生态型露营旅游的定义与特点，为读者提供了对该领域的整体认识。随后，第二章探讨了生态型露营旅游环境保护的法律法规，包括自然生态环境保护、水土保持与生物多样性、垃圾处理与污染防治等方面。第三章关注生态型露营旅游的安全管理法律法规，包括露营地安全规范与管理、消防安全与应急预案、食品安全与卫生等内容。

随后的第四章探讨了生态型露营旅游的土地利用法律法规，包括土地规划与用途管理、土地所有权与租赁、土地开发与保护等方面的问题。第五章关注生态型露营旅游资源的保护与管理法律法规，包括自然资源保护与管理、文化遗产与景区保护、社区参与合作管理等内容。

在第六章中，本书重点探讨了生态型露营旅游的执法与监管机制，包括执法机构与职责分工、监督与处罚措施、信息化与技术支持的执法手段等方面。第七章则关注生态型露营旅游的合同与责任法律法规，包括旅游合同与消费者权益、露营旅游责任与赔偿、旅游纠纷解决机制等内容。

最后两章分别是关于生态型露营旅游法律法规的落地与实施问题分析。第八章主要讨论法规执行与监督机制问题，如何确保法律法规的有效执行以及监督机制的完善与强化。第九章则探讨法律法规宣传与培训问题，强调了宣传和教育的重要性，以提高从业者和公众对法律法规的认知和遵守度。

本书旨在全面梳理和分析生态型露营旅游领域的法律法规体系，为相关各方提供理论依据和实践指南。我们希望本书能够为政府机构、旅游从业者、法律界人士以及广大读者提供有关生态型露营旅游法律法规的全面信息和深入洞察，促进该领域的可持续发展。

本书由河北石油职业技术大学马克思主义学院白鹤举所著。最后，衷心感谢所有为本书的出版作出贡献的人员和机构，希望本书能够成为生态型露营旅游领域的重要参考，为该领域的发展与规范贡献力量。

作者

2023 年 6 月

目　录

CONTENTS

第一章　生态型露营旅游概述

第一节　生态型露营旅游的定义与特点

一、生态型旅游的概念与内涵

（一）生态旅游产生背景

1. 现代人对优良环境的渴望

人类文明的发展离不开自然环境，但随着工业革命以及城市化进程的加速，人类的生存环境和生态环境遭到了越来越多的破坏，人们的健康和安全也受到了威胁。现代人逐渐意识到环境保护的重要性，开始探索人与自然和谐共处的道路，生态旅游的兴起就是其中之一。

在过去，人们对自然环境的认知不够充分，以生产力发展为中心，对自然资源的开发利用没有限制，导致了环境的恶化和破坏。在此基础上，人们开始思考如何保护环境、节约资源，生态保护的概念也随之产生。生态保护强调的是生态环境的整体性，包括对生物、环境、资源和人文等因素的综合考虑，保护生态环境是为了维护人类社会的持续发展。生态旅游就是在这样的背景下产生的。

现代人对优良环境的渴望，是生态旅游产生背景的主要原因。在城市化进程加速、工作压力增大、污染环境严重等多种因素的影响下，人们逐渐开始关注自然环境，寻求接近自然、享受自然的机会。而生态旅游正是为满足这一需求而生。生态旅游不仅能够提供自然环境中的感性体验，更重要的是可以让旅游者通过参与自然保护、支持当地社区等方式，为环境保护事业作出贡献。

同时，随着旅游业的不断发展，生态旅游业也成了旅游业中的一个新兴领域。在经济发展的同时，生态旅游还能够带动当地的就业和经济发展，同时保护和维护好当地的自然环境。这种生态旅游的发展方式，既可以满足旅游者的需求，又能够为当地社区和环境保护作出贡献，是一种可持续发展的模式。

从历史的角度来看，生态旅游的发展可以被视为一种文化的再创造。人类在漫长的发展历程中，逐渐走出了自然环境的依赖，但人与自然的关系从未断绝。生态旅游作为一种新的旅游方式，通过提供自然环境中的体验、保护环境、支持当地社区等方式，让人们重新认识自然环境，增强了人与自然的联系和感受，同时也让人们意识到保护环境的重要性。生态旅游的发展可以促进文化与自然环境的保护和再创造，增强人类对自然的敬畏和爱护，促进人与自然和谐共生。

现代人对优良环境的渴望和对生态保护的认识，促使生态旅游得以兴起并不断发展。生态旅游的兴起不仅可以满足人们对自然环境的需求，还可以为当地社区和环境保护作出贡献，是一种可持续发展的模式。同时，生态旅游的发展也可以促进文化和自然环境的保护和再创造，增强人类对自然的敬畏和爱护，促进人与自然和谐共生。

2.现代旅游业可持续发展的必然选择

随着全球旅游业的蓬勃发展，旅游业的可持续性逐渐成了一个重要话题。可持续发展是指满足当代人的需要，同时又不会破坏子孙后代的需求。可持续发展的概念最早出现在1987年的《布兰特兰特报告》中，被认为是解决人类社会发展与环境保护之间矛盾的有效途径。在旅游业领域，可持续发展被定义为满足旅游需求的同时，不会损害当地社会和自然环境的长期利益。

旅游业的可持续发展是未来旅游业发展的必然选择。在过去，旅游业的发展往往忽视环境保护和社会责任，导致了一系列的环境问题和社会问题，这对旅游业的可持续性带来了巨大的挑战。随着人们对环境保护意识的不断增强，对旅游业的可持续性要求也越来越高。旅游业必须认识到，只有在可持续发展的基础上，才能够实现长期的、稳定的发展。

生态旅游的兴起，正是旅游业可持续发展的重要体现。生态旅游将旅游与环境保护和社区发展结合在一起，通过控制旅游的规模和质量，促进旅游的可持续发展。生态旅游的核心是保护和维护好当地的自然环境和文化遗产，同时也要注意满足旅游者的需求，提高旅游业的经济效益。通过生态旅游的实践，可以实现旅游业的可持续发展，为当地社区和经济发展作出贡献。

生态旅游的发展也需要全社会的支持和参与。政府部门在制定旅游规划和政策时，应考虑到环境和社会的因素，加强对生态旅游的管理和监管，推动生态旅游的发展。旅游从业者也应注重社会责任和环保意识，通过开展环保宣传和教育活动，引导旅游者文明出行，保护旅游目的地的环境和文化资源。

生态旅游的兴起，是旅游业可持续发展的必然选择。通过生态旅游的实践，可以实现旅游业的可持续发展，保护自然环境、维护当地社区和文化遗产的长期利益。政府部门、旅游从业者和旅游者等各方应共同努力，实现生态旅游的可持续发展，推动旅游业向更加可持续、环保、社会责任的方向发展。

（二）生态旅游概念的界定

1.生态旅游概念的界定

作为人类社会化经济活动以及人类与自然共处关系中的一个代表性缩影，旅游发展所具有的复杂性和综合性特点决定了相关研究领域的学者和从事相关行业的组织对其研究侧重与关注角度是不尽相同的，所以他们对生态旅游的概念界定与内涵阐述也有着各自的理解和认知。因此，除非是在处理、调整和裁量有关社会关系的过程中必须经由法律条文解释或行政文件厘定，否则强制性给予生态旅游一个被社会各方所一致认同的精确定义是没有任何必要的。但所谓万变不离其宗，无论学界、业界按照自己的专业需求如何去解读和表述他们各自眼中的生态旅游，这一概念及其传递的追求最大化实现生态效益、经济效益和社会效益三者平衡发展与协调共荣的基本意涵都是标注其存在价值的核心理念所在。

生态旅游的立题基底是强调将人类的一切社会性旅游行为建构在生态学原理和可持续发展原则之上，其本质是要求人类的旅游活动应当着眼于社会经济发展对自然资源开发利用的长远需要，在充分尊重和围绕生态环境的演进规律的前提下而合理开展。如果从法律规制的角度来注解的话，就是通过制定和实施法律法规的方式来调整旅游业发展过程的各种社会经济关系，对包括政府部门、企业组织、旅游者、旅游的社区居民以及相关社会团体等等在内的所有旅游活动参与主体及其实施行为进行统一性规制约束，以期实现生态旅游所力求达到的上述目的。

在完整覆盖旅游经济活动所涉及方方面面的事务中，生态旅游理应包含三个层面的内容：第一个层面即是将生态旅游所主张的发展模式置于旅游业运行管理的主导地位，并由公权机关作为实施主体，立足于法律规制的调控效用来强制限定或协调引导其他行为主体共同推动实现；第二个层面居于生态旅游实践化的核心地位，其即是基于市场自我调节机能，经由实施主体为旅游业骨干式构成的旅游企业之手按照市场供需规律推出生态旅游的产品化消费形式来自发进化实现；第三个层面处于生态旅游具体化的基础地位，通过道德操守和行为理念的树立来倡导实施主体为旅游业细胞式构成的旅游者响应并践行生态旅游方式。

2.生态旅游的基本特征

生态旅游的基本特征是稳固支撑其概念和内涵界定屹立不倒的理论基石，是对生态旅游自身机理的高度总结与精练概括，也是保障其理论体系延伸至其他社会实践领域或学科研究范畴而不失其本源的属性所在，同时还是按照法律规制的一般要求，贴合生态旅游发展规律进行依据对照、程序映照与规范契合的必备条件。生态旅游的基本特征应属以下五点：

（1）自然资源和生态环境的主体承载性

生态旅游地是按照旅游发展的供求需要，人为对自然生态系统和地理空间形态进行的闭合性时空划分与目的性有机选择。在这个人为区划的相对密闭性异质空间范围内，生态旅游地的核心功能体现为自然资源和生态环境同旅游者、开发者、管理者、运营者以及当地社区居民之间相互作用、彼此影响的多重复杂关系，亦即是说生态旅游的资源利用基础不仅是纯粹的生态环境及其构成自然元素或法律规定的以限制人为干预影响因素为主旨的自然保护区域（如自然保护区、风景名胜区、森林公园、国家公园等），还包括一些位于生态旅游地以内，并同周围自然环境休戚与共的人文景观。生态旅游的存续意义依托以上两种资源类型的事实，表明自然资源和生态环境是该旅游发展模式的核心载体及其标榜的价值理念所在。

（2）自然资源开发利用的可持续性

自然资源和生态环境作为竭力保证生态旅游发展可行性的必要物质条件，对它们进行的任何开发利用活动都必须严格限定在自然资源承载力和生态环境容量的可控范围内实施，否则一着稍有不慎，尽皆引得满盘皆输。生态旅游所提倡的对自然资源精心呵护、索取有度、保育为主的开发方式是保障人类利用生态环境的物质能量寻求自身发展福祉的有效周期更为长久的最明智选择，且在可以预见的将来一段时间内，地球及其繁育的自然生态系统仍将是人类社会经济发展唯一可以依赖的物质基础获取源泉，因此，通过一切行政、经济、法律、社会手段来规制对旅游资源的开发利用行为不会损害、破坏自然生态环境就成为生态旅游的使命所在。

（3）经济发展的环境保护性

生态旅游所主张的核心议题之一就是要在旅游业的发展过程中全方位融入环境保护的理念。围绕旅游资源的开发利用而展开的旅游规划工作要通过环境处置职能的确立和加强来实现对环境损害的预防；基于自然资源的改造使用而进行的生态旅游的运营管理工作要透过旅游环境税的制度设计、国家公园体制的改革推进以及对旅游地环境利益相关各方的关系调整来达成对环境问题的管控治理；面向旅游环境资源损害的既成后果，要在充分认定和识别旅游环境侵权事实的基础上综合利用行政、经济、法律等等多种手段兑现对自然环境资源的生态补偿，并畅通环保非政府组织（NGOs）参与环境公益诉讼的合法渠道，从而确保环境保护任务善始善终。

（4）游憩消费方式的质朴性

生态旅游鼓励将旅游资源的经济价值和生态价值有机统一，无论是旅游产品和线路的设计、组合、供给与推广上，还是在游憩消费需求的组织引导上，都倡导体现出遵循大自然演化规律以及人与自然和谐共处的理念。它要求旅游管理规划方、开发建设方、投资运营方应当遵照区域空间范围内地理系统和生物系统的原始状况，依据千百年来所自然形成的生态体系演进运转规律和环境赋存特征，分区域规划出异质化的生态景观格局，设计出特色化的生态旅游产品，进而向旅游者展示出大自然雕梁画栋般的生态魅力。因此，杜绝人为大规模改造生态环境原貌或严重破坏自然资源完整性与原生性的情况出现成为生态旅游的一项必然规定。

（5）旅游参与行为的简约性

由若干游客个体的游览观光行为汇集而成的生态旅游活动绝不能照搬一般大众式的旅游组织方式，只考虑游览效率和公共安全，忽略生态环境容量的局部承受压力，否则将会对包括野生动植物的正常生养繁殖等在内的自然资源产生极大的威胁。因此，开展生态旅游活动必须严防死守住生态环境红线，通过对旅游客流量在不同时空维度上的组织引导来疏解生态环境压力，利用原有的生态环境条件因地制宜地向旅游者提供简约的接待服务基础设施，从而达到生态旅游提倡的在"清水出芙蓉，天然去雕饰"的生态环境中实现亲近自然的根本目的。比如每年的旅游旺季，九寨沟景区都会根据游客流量的实时变化情况及时启动应急管理方案，实行景区限票、限量进入，组织游客分片区游览。

（三）生态旅游的伦理

1. 环境伦理

生态旅游强调对自然环境的保护和维护，因此环境伦理是生态旅游伦理的重要组成部分。旅游者应该尊重自然环境，避免对环境造成污染和破坏，保持环境的原始状态，不破坏生物的栖息地和生态平衡。同时，生态旅游还应该推广环保意识和行动，引导旅游者成为环保的参与者和推动者。具体来说，环境伦理包括以下几个方面：

（1）尊重自然环境

生态旅游强调对自然环境的保护和维护，旅游者应该尊重自然环境，不随意破坏、破坏或破坏生物的栖息地和生态平衡。旅游者应该避免对自然环境造成破坏或损害，保持环境的原始状态。

（2）减少环境污染

生态旅游强调对环境污染的控制和减少，旅游者应该尽量减少环境污染的行为，如减少噪声、废气、废水等的排放，不随意乱扔垃圾，保持旅游地的清洁和整洁。

（3）推广环保意识

生态旅游应该推广环保意识和行动，引导旅游者成为环保的参与者和推动者。旅游者应该了解环保知识，认识到自己对环境的影响，积极参与环保活动，支持环保组织和行动，为保护环境作出贡献。

（4）遵守环保法律

旅游者应该遵守环保法律法规，不违反相关的环境保护规定和标准。在生态旅游的过程中，旅游者应该尊重当地的文化习俗和环保法规，不随意捕捉野生动物、摘取珊瑚等行为，不参与非法野生动物贸易和乱砍滥伐等行为。

（5）尊重当地社区

生态旅游应该尊重当地社区和居民，保持良好的文化素质和行为规范，不随意破坏当地的文化遗产和传统习俗，不侵犯当地居民的权益和利益。

生态旅游伦理中的环境伦理是非常重要的，旅游者应该秉持环保意识，尊重自然环境和当地社区，减少环境污染，遵守环保法律，成为环保的参与者和推动者。

2. 文化伦理

生态旅游的文化伦理是在旅游活动中尊重当地文化传统和习俗，维护当地文化资源和文化遗产的传承和保护，以及促进文化交流和合作。这需要旅游者和旅游业者一起合作实现。

首先，旅游者应尊重当地的文化传统和习俗，了解和遵守当地的文化礼仪和规范及风俗习惯，不要对当地的文化产生冲击或损害当地文化的尊严。同时，旅游者也应该积极参与当地文化活动，了解当地文化的内涵和价值。

其次，旅游业者应当充分意识到文化保护的重要性，采取措施维护和传承当地的文化遗产和文化资源。例如，旅游业者可以利用文化资源设计旅游线路和产品，提供更具文化内涵的旅游服务，吸引更多的游客和提高旅游产品的附加值。同时，旅游业者也应该加强文化教育和宣传，推动当地居民和旅游者更好地了解和认识当地的文化。

最后，生态旅游还应促进文化交流和合作，推动文化多样性和人类文明的进步。旅游者可以通过旅游活动了解不同的文化和风俗，促进文化交流和交流。旅游业者也应该通过旅游活动，加强不同地区、不同国家之间的文化交流和合作，推动旅游业的可持续发展。

生态旅游的文化伦理包括尊重当地文化传统和习俗，维护当地文化资源和文化遗产的传承和保护，促进文化交流和合作。生态旅游的文化伦理不仅有利于当地社区的发展和文化的传承，也能够提高旅游者的文化素养和旅游的品质，促进旅游业的可持续发展。

3. 社会伦理

随着生态旅游的发展，当地社区的利益和需求也越来越受到关注。旅游者在进行生态旅游时，应该尊重当地社区的利益和需求，避免给当地居民带来负面影响。旅游者可以通过遵守当地社区的规章制度，与当地人民友好相处，理解和尊重当地的文化传统和生活方式来做到这一点。

除了尊重当地社区的利益和需求，生态旅游还应该承担社会责任，推动当地经济发展和就业，促进贫困地区的扶贫和发展，保护当地社区的权益和利益。旅游业在促进当地经济发展的同时，也应该关注当地居民的福利和生活质量。在生态旅游的过程中，旅游业应该与当地社区合作，为当地居民提供就业机会和培训，提高当地居民的生活水平。同时，旅游业还应该支持当地社区的公共设施建设，为当地居民提供更好的基础设施和服务，提高当地社区的生活质量。

旅游者在进行生态旅游时，应该尊重当地居民的隐私权和尊严，避免侵犯当地居民的权益。旅游业在进行开发和经营时，也应该考虑到当地社区的权益和利益，避免给当地居民带来负面影响。

社会伦理是生态旅游伦理中非常重要的一个部分。旅游者和旅游业都应该关注当地社区的利益和需求，承担社会责任，促进当地经济发展和就业，保护当地社区的权益和利益。只有这样，生态旅游才能够真正实现可持续发展，为当地社区和经济发展作出贡献。

4. 个人伦理

生态旅游作为一种以自然和文化为主题的旅游方式，需要遵循一定的伦理规范，其中包括个人伦理。个人伦理是指在旅游过程中，旅游者应该遵循的道德规范和价值观，尊重他人、守信用、诚实守法、互助合作等。

首先，生态旅游的个人伦理需要尊重他人的权利和利益。旅游者在旅游过程中应尊重当地居民和旅游从业者的权利和利益，不侵犯他人的合法权益。例如，在拍照时不得侵犯当地居民的隐私权，不得损坏他人的财产等。此外，旅游者还应尊重当地居民和旅游从业者的文化传统和习俗，不得干扰或破坏当地的文化活动和节日庆典。

其次，生态旅游的个人伦理需要守信用、诚实守法。旅游者在旅游过程中应当遵守当地的法律法规，不得以任何不正当手段获取利益，如欺诈和诱骗等。此外，旅游者还应该诚实守信，不得虚报游客数量、旅游消费等信息，维护旅游业的公正和诚信。

最后，生态旅游的个人伦理需要互助合作。旅游者在旅游过程中应积极参与当地社区和旅游从业者的活动和项目，以实现互助和合作。例如，旅游者可以积极参与当地的环保和社区发展项目，为当地社区的发展和生态保护作出贡献。同时，旅游者还应遵守旅游业的基本规范，如文明旅游、不损坏旅游目的地等。

生态旅游的个人伦理需要尊重他人、守信用、诚实守法、互助合作等基本规范。旅游者在旅游过程中应积极参与生态保护和社区发展等项目，推动旅游业的可持续发展。同时，旅游者还应遵守旅游业的基本规范，维护旅游业的公正和诚信，共同推动生态旅游的发展。

二、生态型露营旅游的定义

生态型露营旅游是一种注重与自然环境和谐共生、追求可持续发展和环境保护的旅游方式。它将旅游与自然保护紧密结合，通过提供与自然亲近、体验生态文化的独特体验，使旅游者更加意识到自然环境的重要性，并倡导保护和可持续利用自然资源的行为。

生态型露营旅游的核心理念是在尊重自然环境的前提下进行旅游活动，遵循生态学原则和环境伦理，以实现人与自然的和谐发展。它强调保护生态系统的完整性和稳定性，推崇低碳、低影响的旅游行为，鼓励旅游者积极参与环保活动和社区合作，促进地方经济的可持续发展。

生态型露营旅游不仅仅是一种旅游方式，更是一种生活态度和价值观的体现。它倡导人们对自然世界的敬畏与感悟，通过与自然的亲密接触，激发人们对环境保护的责任感和参与意识。同时，生态型露营旅游也为旅游者提供了与家人、朋友、社区成员共度时光的机会，加强彼此之间的联系与情感交流。

总而言之，生态型露营旅游是一种以亲近自然、追求可持续发展和环境保护为核心价值的旅游方式，通过与自然和社区互动，传递环保理念，提升个体和社会对环境保护的意识与行动能力。它在平衡旅游需求与环境保护之间寻找共同点，努力实现人类与自然和谐共生的目标。

三、生态型露营旅游的特征

生态型露营旅游是一种以生态保护和可持续发展为导向的旅游方式，与传统的露营旅游相比，具有以下特征。

（一）强调对环境的尊重和保护

生态型露营旅游的特征之一是强调对环境的尊重和保护。这是由于生态型露营旅游的本质是以生态保护和可持续发展为导向的旅游方式，旨在通过旅游活动的方式促进生态环境的保护和改善，同时也促进经济发展和社会进步。因此，保护和尊重环境是生态型露营旅游的一个重要特征。

在实践中，生态型露营旅游采取了多种措施来保护环境。首先，旅游者在露营地点时，要遵守"留下你的脚印，带走你的垃圾"的原则，最大限度地减少旅游对自然环境的损害。此外，露营地的选择也非常重要，选择已经开发和有管理的露营地，避免在敏感环境中露营。同时，旅游者还应该遵守一些规定和准则，例如不扰乱野生动物，不随意砍伐树木，不破坏自然环境等，以保护环境和自然资源。

除此之外，生态型露营旅游还注重科技和环保的结合，采用绿色能源、环保设备和产品，减少对环境的影响。例如，采用太阳能或者风能作为能源，使用环保材料的帐篷和睡袋，选择环保型的交通工具等等，以最大程度地减少对环境的污染和损害。

生态型露营旅游强调对环境的尊重和保护，通过一系列措施保护生态环境，实现经济发展与环境保护的平衡。这不仅有利于保护自然环境，也有利于旅游者的身体健康和精神愉悦。

（二）重视可持续发展

生态型露营旅游强调可持续发展，即在满足当前旅游需求的前提下，保持旅游业的长期发展和生态平衡。旅游从业者应该注重旅游区的可持续发展，采取可持续的旅游经营方式和管理措施，保障旅游的长期发展和环境的可持续性。生态型露营旅游重视可持续发展的特征体现在以下几个方面。

1. 环保理念贯穿整个旅游过程

生态型露营旅游强调对自然环境的尊重和保护，旅游者应该遵守旅游区的环保规定和行为准则，采取绿色出行方式，最大限度地减少对环境的损害。旅游从业者应该采用环保材料和设施，推行垃圾分类、循环利用等环保措施，降低对自然环境的影响。

2. 经济、社会、环境协调发展

生态型露营旅游注重经济、社会、环境三方面的协调发展，旅游从业者应该关注旅游区的经济发展、社会进步和生态保护。旅游区的发展应该充分考虑当地居民的生计和社会利益，旅游经营应该符合当地的环境保护和可持续发展要求。

3. 可持续经营和管理

生态型露营旅游应该采取可持续的经营和管理方式，推行经济、环保、社会效益的有机结合。旅游从业者应该注重旅游资源的保护和开发，建立完善的管理机制，做好旅游区的规划、建设和运营管理工作。旅游从业者还应该积极开展旅游教育和环保宣传，引导旅游者了解生态型露营旅游的意义和价值，增强旅游者的环保意识和责任感。

生态型露营旅游重视可持续发展，旅游从业者应该注重旅游区的经济、社会、环境效益协调发展，采取可持续的经营和管理方式，保障旅游的长期发展和生态平衡。

（三）倡导健康和自然的生活方式

相对于传统旅游方式，生态型露营旅游更加注重户外活动和亲近自然，鼓励旅游者通过户外活动和亲身体验，享受大自然的美好和户外生活的乐趣。这种旅游方式也更加注重体力和精神的健康，可以帮助人们放松身心、减轻压力，增强免疫力和身体素质。

此外，生态型露营旅游也倡导旅游者采取健康和自然的生活方式。例如通过食用当地有机食材、饮用天然水源等方式，减少对环境的影响，同时也能够获得更健康的食品和饮品。

除了享受自然风光和户外生活的乐趣，生态型露营旅游也通过各种方式鼓励旅游者增强环保意识和责任感，积极参与生态环境保护。例如，旅游者可以参与生态保护和环保知识的宣传教育活动，采取环保措施保护自然环境，支持和参与当地的生态保护工作。通过这些活动，旅游者可以更好地认识到自己与自然的关系，认识到环保的重要性，从而更加珍惜和保护自然资源，推动可持续发展。

（四）注重与当地文化的融合

生态型露营旅游注重与当地文化的融合，旅游者在旅游过程中可以了解当地的历史、文化和生活方式，体验当地的特色美食、音乐、手工艺品等。通过与当地人交流和互动，旅游者可以深入了解当地的风土人情、传统文化和生态环境等方面的知识。同时，旅游从业者也应该尊重当地文化和传统，保护当地文化遗产和文化景观，推广当地特色文化产品和服务，为旅游者提供更加深入、真实、丰富的旅游体验。

此外，生态型露营旅游也强调文化交流和互鉴。旅游者可以将自己的文化和生活方式分享给当地人，促进不同文化之间的交流和互鉴。这种文化交流和互鉴不仅可以增进旅游者和当地人之间的友谊，还可以促进世界各地文化的传播和交流，推动文化多样性的发展和保护。

（五）提倡绿色出行

生态型露营旅游是一种注重环境保护和可持续发展的旅游形式，旨在让旅游者亲身体验大自然、了解环保知识，增强环保意识和责任感。其中，绿色出行是生态型露营旅游的重要特征之一。

1.绿色出行的意义

绿色出行是指采用低碳、环保、可持续的出行方式，如乘坐公共交通工具、骑自行车、徒步等，减少对环境的影响和负担。对于生态型露营旅游而言，绿色出行具有以下几个意义：

减少旅游对环境的影响。生态型露营旅游强调对自然环境的尊重和保护，而绿色出行正是实现这一目标的重要手段。采用低碳、环保的出行方式，可以减少旅游对环境的污染和破坏，降低旅游对自然资源的消耗。

增加旅游的乐趣。绿色出行可以让旅游者更好地欣赏风景、感受自然、体验文化，增加旅游的乐趣。在乘坐公共交通工具、骑自行车、徒步等过程中，旅游者可以更好地融入当地生活，了解当地文化和风俗习惯，与当地人民进行互动和交流。

提高旅游的品质。采用低碳、环保的出行方式，可以减少旅游的时间和成本，提高旅游的品质和体验。在公共交通工具上，旅游者可以欣赏风景、放松心情，避免了交通拥堵和路途疲劳等问题，同时也可以更好地了解当地的文化和历史。

2.绿色出行的影响

生态型露营旅游的提倡者和从业者已经开始注意绿色出行对旅游业的影响。绿色出行的实践可以对生态型露营旅游产生以下影响：

促进旅游业的可持续发展。采用低碳、环保的出行方式，可以减少旅游对环境的影响，保障旅游业的可持续发展。绿色出行不仅可以降低旅游业的碳排放，还可以减少旅游区的交通拥堵和噪声污染等问题，从而提高旅游区的环境质量，促进旅游业的可持续发展。

增强旅游者的环保意识。绿色出行的实践可以让旅游者更好地了解环保知识和责任，增强旅游者的环保意识和责任感。通过采用低碳、环保的出行方式，旅游者可以亲身体验环保的重要性，并将环保理念带回生活中，促进环保意识的普及和提高。

改善旅游区的环境质量。采用低碳、环保的出行方式可以降低旅游区的污染和破坏，改善旅游区的环境质量。同时，绿色出行的实践也可以促进旅游区的生态保护和恢复，保护旅游资源和文化遗产。

第二节　生态型露营旅游的发展现状与趋势

一、露营旅游的源流及发展历程

露营旅游是一种在自然环境中过夜，参与其他休闲、娱乐、教育、保健等活动的旅游方式。它可以让旅游者充分感受自然风光，同时也是一种健康、环保、有趣的旅游方式。随着城市化进程的加速和人们对生态环境保护意识的不断提高，露营旅游在中国的发展前景非常广阔。

（一）露营旅游的源流

露营旅游起源于19世纪中叶的美国，当时的主要目的是锻炼青少年的野外生存能力。露营旅游最初的形式是带着帐篷和背包徒步穿越森林、河流、山脉等自然环境，进行自由野营。这种旅游方式受到了年轻人的喜爱，逐渐演变成了一种成人和家庭都可以参与的户外休闲活动。

1932年，英国发起了国际露营旅游总会（FICC），并在荷兰成立，为露营旅游制定了一整套完整的规则体系，为世界性的露营旅游产业的迅猛发展奠定了基础。随着露营旅游的发展，它已经成为一种全球性的旅游方式，受到越来越多的人的欢迎。

（二）露营旅游的发展历程

1.欧美地区露营旅游的发展

露营旅游在欧美地区已经成为一种非常流行的户外休闲方式。这是因为欧美国家拥有大量的自然资源，山川湖泊、森林草原、沙滩海岸等美景遍布各地，为露营旅游提供了丰富的资源条件。同时，这些国家对于露营旅游的规范化和管理也非常严格，为露营旅游的健康发展提供了保障。

19世纪中叶，当时美国的青少年在自然环境中进行野外生存训练，这种活动逐渐演变成为一种青少年户外活动的形式，即野营露营。随着时间的推移，露营旅游开始成为一种成人和家庭都可以参与的户外休闲活动。

20世纪初，美国的露营旅游已经开始规模化和商业化发展。20世纪20年代，美国出现了以提供露营用品和服务为主要经营业务的企业，如户外休闲产品制造商科勒曼（Coleman）、优瑞家（Eureka）和美国营地协会（Kampgrounds of America）等。这些企业不仅提供帐篷、睡袋等露营装备，还提供露营地的租赁、停车场、卫生间、洗浴设施等服务，促进了露营旅游的快速发展。

随着露营旅游的不断发展，欧美国家开始制定相关的规则和标准，以确保露营旅游的安全和质量。FICC的成立，标志着露营旅游已经成为一个全球性的产业。

随着时间的推移，露营旅游在欧美地区越来越受到大众的欢迎，成为一种广受欢迎的旅游方式。同时，欧美国家对于露营旅游的规范化和管理也日趋严格。例如，美国国家公园管理局规定，游客在公园内露营时必须遵守相关的规定和标准，如不在规定地点和时段内搭建帐篷、不打开火源、不随意扔垃圾等。另外，欧美国家还会对露营地进行检查和评级，对不符合要求的露营地进行整改或关闭。这些严格的管理和规定为露营旅游提供了保障，也保证了游客的安全和健康。

在欧美地区，露营旅游的类型也越来越多样化。除了传统的帐篷露营，人们还可以选择住在露营车、房车、小木屋、带有厨房和卫生间等设施齐全的露营场所。同时，一些露营地还提供各种娱乐设施和活动，如游泳、划船、钓鱼、徒步旅行、骑马、攀岩等。这些多样化的选择和服务为游客提供了更加丰富和个性化的旅游体验，也推动了露营旅游产业的不断发展。

在欧美地区，露营旅游的发展带动了相关产业的繁荣和发展。一些露营地成了当地旅游的重要景点，吸引了大量的游客前来参观和体验。同时，相关的露营用品和服务产业也得到了迅速发展，如帐篷、睡袋、露营车、房车、露营用品商店、露营地的运营管理等。这些产业的发展为当地经济增加了不少就业机会和税收收入，也促进了相关产业的创新和发展。

总的来说，欧美地区的露营旅游产业已经相当成熟和发达，成为一种重要的户外休闲方式和旅游产业。其严格的管理和规定、丰富的资源条件和多样化的服务方式为游客提供了安全、舒适和个性化的旅游体验，也为相关产业的繁荣和发展提供了契机。

2.亚洲地区露营旅游的发展

在亚洲地区，由于人们的生活水平和环境意识的提高，露营旅游逐渐成为一种备受欢迎的旅游方式。在中国，露营旅游业正逐步发展壮大。随着人们对于自然环境保护和生态旅游的需求日益增长，露营旅游成为一种受到关注的旅游形式。

在中国，早期的露营旅游主要是一些户外探险爱好者自发组织的，他们会选择在自然风光优美的地方扎营过夜，进行一些户外活动和野外生存实践。随着旅游业的发展和人们对于休闲度假方式的不断创新，露营旅游也逐渐向全民化发展。

早在 2009 年，国务院颁布的《关于加快发展旅游业的意见》提出，把旅游房车等旅游装备制造业纳入国家鼓励类产业目录，以培育新的旅游消费热点。2016 年，原国家旅游局等 11 部门印发《关于促进自驾车旅居车旅游发展的若干意见》，提出要加快自驾车旅居车营地建设。2018 年，发布了《休闲露营地建设与服务规范》国家标准。2022 年，文化和旅游部等 14 部门印发《关于推动露营旅游休闲健康有序发展的指导意见》，明确了露营旅游休闲发展的指导思想、基本原则、重点任务和组织保障，有助于扩大产品供给、提升服务品质、规范安全生产经营，推动露营旅游休闲健康有序发展。

目前，中国的露营旅游产业已经初具规模，各类露营地、露营用品店、露营旅游俱乐部等也开始出现。一些地方政府和旅游企业也开始重视和推广这种旅游方式，建设和打造各种主题的露营地和露营基地。例如，北京市近年来推出了多项露营旅游活动，如举办露营文化节和北京户外露营俱乐部等，吸引了大量的游客前来参加。

除了国内的发展，中国的露营旅游也开始吸引了越来越多的外国游客。越来越多的外国游客选择在中国体验露营旅游，欣赏中国的自然风光和文化。例如，有的外国游客会选择在青海湖畔搭建帐篷，享受湖光山色，感受青藏高原的魅力。

但是，目前中国的露营旅游产业还面临着一些挑战和问题。首先是露营旅游的管理和规范化有待加强。由于露营旅游的特殊性和复杂性，对于露营地的规划、设计、建设和管理等方面需要更加科学和系统的研究和探索。其次是露营旅游的服务水平还有待提高。一些露营地在服务设施、环境卫生、食品安全等方面还存在不足，需要进一步提高服务质量，为游客提供更好的体验。此外，一些露营旅游区域的开发和管理还存在缺乏统筹规划和综合协调的问题，需要更加注重生态保护和文化传承。

未来，中国的露营旅游有望迎来更加广阔的发展空间。一方面，随着人们对于自然环境保护和生态旅游的需求日益增长，露营旅游将成为一种重要的旅游形式。另一方面，随着旅游业的快速发展和消费升级，人们对于旅游体验和休闲方式的要求也越来越高，对于露营旅游的服务和质量的要求也会越来越高。因此，未来的发展需要旅游企业和相关部门进一步加强协作，共同推动露营旅游产业的健康发展。

二、露营旅游的发展现状

随着人们对户外旅游的需求增加和生活方式的转变，露营旅游逐渐成为一种受欢迎的旅游方式。以下是露营旅游发展的一些现状。

（一）市场规模不断扩大

随着现代人对健康和生活质量的要求不断提高，越来越多的人开始寻求一种简单、自然、健康的旅游方式。露营旅游作为一种与大自然亲密接触的旅游方式，已经成为越来越多人的选择。因此，露营旅游市场规模不断扩大已经成了这种旅游方式一个显著的特点。

市场调研机构的数据显示，全球露营旅游市场规模已经超过 1500 亿美元，而且还在不断增长。这主要得益于人们对健康和自然的追求、露营旅游的经济实惠性、年轻人对自由和体验的需求以及政府部门对露营旅游的支持等因素。

具体来说，露营旅游的市场规模不断扩大的原因包括以下几个方面：

1. 消费者对健康和自然的追求

随着人们对身心健康的关注日益增加，越来越多的人开始关注自然环境对健康的影响。露营旅游可以让人们远离城市的喧嚣和污染，享受清新的空气、美丽的景色和健康的生活方式。因此，露营旅游成为人们追求健康和自然的一种选择。

2. 经济实惠的旅游方式

相比于高档酒店或度假村，露营旅游的费用相对较低，而且还能提供更加自由和舒适的旅游体验。露营旅游的低成本和高自由度的特点吸引了越来越多的旅游者。

3. 年轻人的消费升级

随着年轻人对自然、健康和自由追求的提高，露营旅游在年轻人中越来越受欢迎。年轻人更加注重旅游的体验和分享，而露营旅游正好能够满足这种需求。

4. 政府部门对露营旅游的支持

许多国家和地区都意识到了露营旅游的发展潜力和重要性，因此纷纷加大对露营旅游的投资和政策支持，推动露营旅游市场的快速发展。

露营旅游的市场规模不断扩大的趋势将会持续。随着人们对自然、健康和休闲娱乐需求的不断增加，露营旅游市场将会得到更多的关注和支持。未来，随着科技的发展和消费者需求的不断变化，露营旅游市场也将不断发展和创新，为旅游行业注入新的活力和动力。

（二）需求多样化

随着人们对健康、自然和放松的需求日益增加，露营旅游作为一种自然、简单、健康的旅游方式，受到越来越多人的青睐。同时，随着消费者对露营旅游需求的不断增加，市场上也涌现出了各种不同类型的露营旅游产品，满足了不同消费者的需求，这也是露营旅游市场发展的一个显著特点。

首先，带有设施的露营地成为主流。这种露营地提供各种设施，例如厕所、淋浴、电力、烧烤设施等等，让旅游者在野外也能享受到舒适和便利。这种露营方式主要适合家庭、老年人和对舒适度要求较高的旅游者。

其次，野营方式逐渐流行。这种露营方式相对简单，旅游者需要自己搭建帐篷、生火等等。野营旅游可以让旅游者更加亲近自然，感受大自然的神奇和美丽。这种露营方式主要适合年轻人和喜欢自助旅行的旅游者。

第三，房车露营逐渐兴起。房车露营是指使用配备睡床、厨房和卫生间等设施的房车进行露营旅游。这种露营方式不仅提供了足够的舒适度，同时也能让旅游者随时随地享受到自由和便利。这种露营方式主要适合年轻人和家庭出行。

除此之外，还有一些新型的露营旅游产品，例如草原帐篷、树屋露营、沙漠露营等等，这些产品都提供了全新的露营体验，满足了不同消费者的需求。

需要指出的是，不同类型的露营旅游产品的发展，也要求露营旅游经营者不断提升自身的服务和管理水平，保障旅游者的安全和舒适度。在发展多元化产品的同时，也需要保持良好的经营理念和服务质量，才能赢得消费者的信任和支持，推动露营旅游市场的健康发展。

（三）质量和服务得到提升

随着露营旅游市场的不断发展，露营地的质量和服务水平也得到了大幅提升。不仅有越来越多的露营地提供各种设施和服务，而且露营地的管理和维护也变得更加专业化和规范化，以保障旅游者的安全和便利。

首先，现代化设施的提供。随着露营旅游市场的发展，越来越多的露营地提供各种现代化设施，例如洗浴、厨房、娱乐设施等等，让旅游者的露营体验更加舒适和便利。有些露营地还提供各种活动和娱乐设施，如游泳池、健身房、篝火晚会等，让旅游者可以享受到更多的乐趣和体验。

其次，规范化的管理和服务。随着市场竞争的加剧，露营地的管理和服务水平也不断提高。许多露营地注重规范化管理和服务，为旅游者提供安全、卫生、便利的露营环境和服务。一些高端露营地还提供高品质的餐饮服务和专业的导游服务，让旅游者可以享受到更高品质的旅游体验。

另外，随着消费者需求的不断变化，越来越多的露营地开始提供定制化服务。例如，有些露营地为旅游者提供个性化的露营包套餐、特色体验活动等等，满足不同旅游者的需求和偏好。

此外，为了提升露营地的质量和服务水平，一些行业组织和机构也出台了相关标准和认证体系，如原国家旅游局发布的"露营地服务质量评价标准"等，以规范和提升行业的质量和服务水平。总的来说，随着露营旅游市场的发展，露营地的质量和服务水平得到了显著提升，为旅游者提供更加舒适、安全和便利的旅游体验。

（四）重视环境保护

随着人们对环境保护意识的不断提高，露营旅游企业也开始越来越注重环境保护，通过各种措施减少露营旅游对环境的影响。这种趋势在全球范围内都有所体现。

一方面，露营旅游企业通过限制营地人数来控制环境影响。例如，一些野外露营地会对每个营地的人数进行限制，以避免对野生动植物和自然环境造成过大的影响。同时，露营旅游企业也在鼓励旅游者尽可能选择可持续的旅游方式，如徒步旅行、骑行旅行等，减少对环境的影响。另一方面，露营旅游企业也在规范垃圾分类和处理，以减少环境污染。很多露营地会提供垃圾桶，同时规定旅游者应该将垃圾分类，并在离开营地时将垃圾带离，以保证营地的整洁和环境的卫生。

除此之外，一些露营旅游企业也倡导低碳生活方式，例如鼓励使用可再生能源、提倡节约用水等等。有些露营地甚至会提供自然教育和环保教育，让旅游者了解当地环境和野生动植物，增强环保意识。政府部门和非营利组织也在推动露营旅游的环保和可持续发展。例如，有些国家和地区会对露营旅游企业进行评估和认证，确保其符合环保标准和可持续发展要求。同时，一些非营利组织也会通过宣传、教育和公益活动等方式，推动露营旅游的环保和可持续发展。总的来说，随着人们对环境保护意识的不断增强，露营旅游企业也越来越注重环境保护，采取各种措施减少露营旅游对环境的影响。这不仅有助于保护环境和生态系统，也能增强旅游者的环保意识，促进可持续发展。

（五）创新发展

露营旅游的创新发展是其持续发展的重要因素之一。在数字化和互联网技术的快速发展背景下，露营旅游行业开始借助新技术和新模式实现创新发展。

一方面，随着人们对生活品质和旅游体验的要求不断提高，露营旅游企业开始探索新的露营方式和产品。例如，房车露营作为一种舒适、便利的露营方式，已经逐渐受到人们的关注。不仅如此，房车的设计也在不断创新，越来越多的房车装备了先进的科技设备，例如自动泊车、智能家居等等。同时，户外装备的创新也在为露营旅游带来更多的可能性。例如，智能帐篷、可折叠炉具、可充电的手电筒等等，让露营变得更加便利和舒适。

另一方面，数字化和互联网技术的应用也在为露营旅游带来新的机遇和挑战。随着在线旅游服务平台的发展，越来越多的露营旅游企业开始将线上和线下的服务结合起来，提供更加便捷的预订、付款和管理服务。例如，一些露营地已经开始开发自己的在线平台，让旅游者可以随时随地在线预订露营地，而且还可以在线获取有关当地天气、景点和活动等信息。此外，一些露营旅游企业也开始通过社交媒体和短视频等新媒体手段宣传和推广自己的产品和服务，吸引更多的年轻人关注和参与。

露营旅游的创新发展既有产品和服务的创新，也有数字化和互联网技术的应用。随着科技和社会的进步，露营旅游行业还将面临更多的机遇和挑战，需要不断探索和创新，满足消费者不断变化的需求和期望。

三、生态型露营旅游的发展趋势

生态型露营旅游在近年来得到了快速发展，并且呈现出以下几个重要趋势。

（一）可持续发展

可持续发展是生态型露营旅游的核心理念之一。未来，生态型露营旅游将更加注重环境保护和资源的可持续利用，倡导低碳、低影响的旅游行为，减少对自然环境的负面影响。通过推动可持续的露营设施建设、资源保护措施和旅游行为的引导，生态型露营旅游将实现更加健康、平衡和可持续的发展。

1.环境友好型露营设施和基础设施的建设

为了降低对自然环境的影响，生态型露营旅游将推动环境友好型的露营设施和基础设施的建设。这包括使用可再生能源供电、节水和废物管理系统的引入，以及对建筑和设施的可持续设计和建造。例如，采用太阳能发电、雨水收集系统、环保材料的使用等，以减少对自然资源的消耗和环境的影响。

2.资源保护和生态系统管理

生态型露营旅游将加强对自然资源和生态系统的保护和管理。这包括建立和执行相关政策和规定，限制游客数量、采取合理的旅游承载力管理措施，保护和修复生态系统，以确保其可持续发展。同时，通过环境监测和评估，及时发现和解决环境问题，保护生态系统的完整性和稳定性。

3.促进本地经济和社区参与

生态型露营旅游将积极促进本地经济的发展和社区的参与。通过鼓励旅游者购买本地产品、体验当地文化和参与社区项目，生态型露营旅游能够为当地居民提供经济机会和社会福利。同时，与当地社区和民间组织合作，共同参与生态保护、文化传承和社区发展，形成互利共赢的合作关系。

4.旅游行为的引导和教育意识的提升

生态型露营旅游将加强对旅游行为的引导和教育，提升旅游者的环境意识和责任感。通过举办环境教育活动、提供旅游行为准则和信息指南，引导旅游者采取环保行动，例如减少能源和水资源的消耗、垃圾分类和回收、尊重当地文化和传统等。旅游者将被鼓励成为可持续发展的倡导者和参与者。

5.旅游目的地的多样性和可持续旅游认证

生态型露营旅游将注重推广多样化的旅游目的地和产品，鼓励旅游目的地的多样性将提供更多选择，包括自然保护区、生态农庄、森林和湖泊等不同类型的景点。同时，生态型露营旅游还将推广可持续旅游认证和标准，以确保旅游目的地和服务提供商符合可持续发展的标准和最佳实践。这些认证和标准将帮助旅游者识别和选择符合可持续发展要求的露营地和旅游产品，从而促进可持续旅游的实施和推广。

6.科技创新和数字化转型

科技创新和数字化转型将在生态型露营旅游中发挥重要作用。智能化设备和解决方案的应用将提供更好的旅游体验，同时减少资源消耗和环境影响。例如，通过应用程序提供在线预订和导航服务，使用传感器和监控系统实现环境监测和安全管理，利用大数据分析提供个性化推荐和定制化服务等。科技创新将提升旅游者的便利性和满意度，同时促进旅游业的可持续发展。

7.国际合作与知识共享

生态型露营旅游将加强国际合作和知识共享，以推动可持续发展的实践和经验交流。旅游业从业者、学者、政府部门和国际组织之间的合作将加强，共同研究和推动生态型露营旅游的发展。国际合作和知识共享将促进最佳实践地传播，加速行业的转型和创新，实现全球范围内的生态型露营旅游可持续发展。

生态型露营旅游的可持续发展趋势包括环境友好型设施建设、资源保护与生态系统管理、促进本地经济和社区参与、旅游行为的引导与教育、旅游目的地多样性与可持续认证、科技创新与数字化转型，以及国际合作与知识共享。这些趋势将推动生态型露营旅游向更加可持续和环境友好的方向发展，为旅游者提供更丰富、独特且有意义的旅游体验。

（二）技术创新

技术的发展将对生态型露营旅游产生重要影响。例如，智能化设备和解决方案的应用可以提供更好的旅游体验，同时减少资源消耗和环境影响。智能化露营设施、可再生能源的利用、环境监测和数据分析等技术将在生态型露营旅游中得到广泛应用，提高效率、便利性和环境友好性。

1. 智能化设备和解决方案

智能化设备将在生态型露营旅游中发挥重要作用，提供更便捷、舒适和安全的旅游体验。例如，智能化露营设施可以包括自动化控制系统，通过智能化的温控、照明和安全监测等，提供更舒适和节能的环境。此外，智能导航和信息服务系统可以帮助旅游者方便地找到设施和景点，获取相关信息。

2. 可再生能源的利用

可再生能源的应用将在生态型露营旅游中得到广泛推广。太阳能、风能和水能等可再生能源将用于供电和照明等方面，减少对传统能源的依赖，降低碳排放。同时，还可以采用能源储存技术，将多余的能源储存起来，以便在需要时使用，提高能源的利用效率。

3. 环境监测和数据分析

环境监测技术可以实时监测生态型露营旅游地的空气质量、水质状况、噪声水平等环境指标，确保旅游者的健康和安全。通过数据分析，可以及时发现环境问题和潜在风险，并采取相应的措施进行调整和改进。

4. 智能化垃圾处理系统

智能化垃圾处理系统可以实现垃圾分类和资源回收的自动化处理，减少垃圾的产生和对环境的污染。例如，智能垃圾桶可以自动识别垃圾种类，并进行分类储存，方便后续的回收和处理。

5. 虚拟现实和增强现实技术

虚拟现实（VR）和增强现实（AR）技术可以为旅游者带来全新的体验和互动方式。通过 VR 技术，旅游者可以身临其境地体验自然环境，如深入森林、探索海底世界等，而无须实际前往。AR 技术可以提供实时导航和信息展示，帮助旅游者更好地了解和欣赏自然景观。

6. 无人机和遥感技术

无人机和遥感技术在生态型露营旅游中的应用也将越来越普遍。无人机可以用于航拍和勘测，提供精准的地形数据和景观图像，帮助规划和管理露营地。同时，遥感技术可以通过卫星或无人机获取地表信息，监测植被覆盖、土壤质量等环境指标，有助于科学管理和保护自然资源。

7. 数据科学和人工智能

数据科学和人工智能的发展将为生态型露营旅游带来更多创新和便利。通过大数据分析，可以深入了解旅游者的需求和行为模式，提供个性化的旅游建议和定制化的服务。同时，人工智能技术可以实现智能化的客户服务和推荐系统，通过机器学习和自然语言处理等技术，提供更智能和便捷的旅游体验。

8. 社交媒体和在线平台的整合

社交媒体和在线平台的整合将进一步提升生态型露营旅游的传播力和互动性。旅游者可以通过社交媒体分享他们的生态旅游经历和照片，增加目的地的曝光度和口碑效应。同时，在线平台可以提供便捷的预订和支付服务，提供实时的旅游信息和互动交流平台，促进旅游者之间的交流和分享。

9. 虚拟导游和语音识别技术

虚拟导游和语音识别技术可以为旅游者提供个性化的导览服务。通过虚拟导游，旅游者可以随时随地获取关于自然景观、动植物信息的语音导览，丰富旅游体验。同时，语音识别技术可以实现与设备的语音交互，提供便捷的查询和导航功能，让旅游者更方便地获取所需信息。

总的来说，技术创新将推动生态型露营旅游向更智能、便捷和环保的方向发展。智能化设备和解决方案、可再生能源的利用、环境监测和数据分析、智能化垃圾处理系统、虚拟现实和增强现实技术、无人机和遥感技术、数据科学和人工智能、社交媒体和在线平台的整合、虚拟导游和语音识别技术等，将提升生态型露营旅游的效率、便利性和旅游体验。这些技术的应用将减少资源的消耗，降低环境影响，同时提供更多个性化、互动性和信息化的服务。

（三）个性化和定制化体验

随着旅游者对独特体验的需求增加，生态型露营旅游将更加注重个性化和定制化的服务。旅游者将更加关注与自然环境的亲密接触和体验，通过参与性的活动、自由行程的安排和个性化的服务来满足他们的需求。同时，生态型露营旅游也将更加重视与当地文化和社区的互动，提供更加丰富和深入的旅游体验。

1. 参与性活动

生态型露营旅游将更加注重旅游者的参与感和互动体验。旅游者将有机会参与各种与自然环境相关的活动，例如徒步远足、野外探险、山地自行车骑行、野生动物观察等。这些活动将使旅游者更亲近自然，并深入了解自然生态系统的运作，增强对环境保护的意识和参与度。

2. 自由行程安排

生态型露营旅游将提供更多自由度和灵活性，使旅游者能够根据个人兴趣和偏好定制旅程。旅游者可以根据自己的喜好选择露营地点、活动内容和行程安排，享受更加个性化和自由的旅游体验。这种自由行程安排的趋势将满足旅游者对个性化旅游体验的需求。

3. 个性化服务和设施

生态型露营旅游将提供更加个性化的服务和设施，以满足旅游者的特殊需求和偏好。例如，一些露营地将提供定制化的帐篷或住宿设施，以适应不同旅游者的需求。此外，还可以提供个性化的餐饮服务、专属导游和定制化的活动安排，使旅游者能够根据自己的喜好和兴趣来享受独特的旅游体验。

4. 文化和社区互动

生态型露营旅游将更加注重与当地文化和社区的互动。旅游者将有机会了解当地的传统、习俗和生活方式，参与当地社区的活动和项目。这种文化和社区互动将丰富旅游体验，增加对当地文化的理解和尊重，促进旅游者与目的地社区的互惠互利关系。

5. 教育性体验

生态型露营旅游将强调教育意义和知识传递。旅游者将有机会通过参与生态保护项目、生态讲座和文化交流等方式，深入了解自然环境和当地文化。这种教育性体验将激发旅游者对环境保护的责任感和参与意识，增强他们对生态环境的尊重和保护意识。通过教育性体验，旅游者将获得关于生态系统、物种保护、可持续发展等方面的知识，促进他们成为可持续旅游的倡导者和行动者。

6. 定制化的行程规划

生态型露营旅游将提供更多定制化的行程规划选项。旅游者可以根据自身偏好和时间安排，选择适合自己的露营地点、活动项目和行程长度。这种定制化的行程规划可以满足旅游者对于个性化体验和独特行程的需求，使其能够更好地探索自然环境并享受旅游过程。

7. 独特的主题体验

生态型露营旅游将推出更多独特的主题体验，以满足旅游者的不同兴趣和偏好。例如，生态摄影、星空观赏、野外烹饪等主题活动将提供与自然环境亲密接触的机会，并让旅游者通过特定的体验方式深入了解自然的美妙和多样性。

8. 社交互动和共享经济

生态型露营旅游将鼓励旅游者之间的社交互动和资源共享。通过社交媒体平台、在线论坛和应用程序，旅游者可以分享自己的旅游经验、交流建议和互动信息。此外，旅游者还可以通过共享经济模式，共享露营设备、交通工具和知识资源，降低成本、减少资源浪费，共同推动生态型露营旅游的发展。

9. 健康和福祉的关注

生态型露营旅游将更加关注旅游者的健康和福祉。除了提供舒适的住宿和便利的设施，旅游者还可以参与健康和福祉活动，如瑜伽课程、冥想练习、自然疗法等。这种关注健康和福祉的趋势将使旅游者在自然环境中得到身心的放松和恢复。

个性化和定制化体验是生态型露营旅游的重要发展趋势。通过提供参与性活动、自由行程安排、个性化服务和设施、文化和社区互动、教育性体验、定制化的行程规划、独特的主题体验、社交互动和共享经济、健康和福祉的关注等方面的丰富选择，生态型露营旅游将满足旅游者对于个性化、独特和丰富旅游体验的需求，进一步推动该领域的发展和创新。

第二章 生态型露营旅游环境保护法律法规

第一节 自然生态环境保护法律法规

生态型露营旅游涉及自然环境的保护和管理，以确保旅游活动对自然生态系统的影响最小化。自然生态环境保护法是一项重要的法律法规，为生态型露营旅游提供了保障。该法规定了对自然生态环境保护的基本原则和政策，旨在保护生态系统的稳定性和完整性，维护生物多样性，预防和控制环境污染和破坏，促进可持续发展。

一、自然生态环境保护的原则

法律规定了自然生态环境保护的基本原则，包括保护优先、预防为主、综合治理、公众参与、责任追究等。这些原则为生态型露营旅游提供了指导，要求在旅游活动中优先保护自然环境，预防环境破坏，并加强公众参与和责任追究。

（一）保护优先原则

自然生态环境保护法强调保护优先原则，即对自然生态环境的保护应置于首位。在生态型露营旅游中，保护自然环境应被视为最重要的任务。旅游者和经营者应尊重自然环境的原貌和生态系统的完整性，遵守法规，采取相应的措施保护自然资源和生物多样性。

（二）预防为主原则

预防为主是自然生态环境保护的基本原则之一。在生态型露营旅游中，预防环境破坏是至关重要的。旅游者和经营者应采取预防性措施，减少对自然环境的负面影响。这包括合理规划旅游线路、设施建设和旅游活动，避免对敏感生态环境的过度干扰，以及采取控制措施，防止土壤侵蚀、水体污染等环境问题的发生。

（三）综合治理原则

自然生态环境保护法强调综合治理原则，即将自然生态环境保护纳入各项决策和管理中。在生态型露营旅游中，综合治理是保护自然环境的关键。它要求综合考虑各种因素，如生物多样性保护、资源利用、环境监测等，制定科学合理的管理措施和规划，确保旅游活动与自然环境的协调发展。

（四）公众参与原则

自然生态环境保护法强调公众参与原则，即鼓励公众积极参与环境保护和管理。在生态型露营旅游中，公众参与是保护自然环境的重要方面。旅游者和当地居民可以通过参与环境教育活动、志愿者服务、意见反馈等方式，积极参与保护活动。

（五）责任追究原则

自然生态环境保护法强调责任追究原则，即对环境违法行为要依法追究责任。在生态型露营旅游中，责任追究是确保环境保护有效执行的重要手段。旅游者和经营者应遵守相关法规和规定，避免破坏自然环境和生物多样性，否则将承担相应的法律责任。

（六）经济和社会协调发展原则

自然生态环境保护法倡导经济和社会与自然生态环境的协调发展。在生态型露营旅游中，经济发展与自然环境保护应保持平衡。旅游业的发展应考虑自然资源的可持续利用和生态系统的保护，通过促进绿色旅游和可持续发展的实践，实现经济效益、社会效益和环境效益的统一。

（七）国际合作原则

自然生态环境保护法鼓励国际的合作与交流，共同推进全球生态环境保护事业。在生态型露营旅游中，国际合作具有重要意义。各国可分享经验和最佳实践，加强跨国合作，共同保护和管理生态环境，推动生态型露营旅游的可持续发展。

这些原则为生态型露营旅游的发展提供了指导和保障，强调了保护优先、预防为主、综合治理、公众参与、责任追究、经济和社会协调发展以及国际合作的重要性。通过遵循这些原则，旅游者和经营者可以更好地保护和管理自然生态环境，实现旅游活动与自然环境的和谐共生，推动生态型露营旅游的可持续发展。

二、环境影响评价

环境影响评价（Environmental Impact Assessment，简称 EIA）是一项重要的法定程序，用于评估特定项目对环境的潜在影响，包括生态型露营旅游项目。在生态型露营旅游的发展过程中，相关的建设项目可能对自然生态环境产生一定的影响，例如对生物多样性、土壤、水体和空气质量等方面的影响。环境影响评价的目的是提前识别、评估和减轻这些潜在的负面影响，从而确保项目的可持续性和环境友好性。

（一）环境影响评价的目标和原则

环境影响评价的目标和原则是确保评价的科学性、公正性、公众参与、透明度和可持续性，以达到保护自然生态环境的目的。

1.目标

（1）评估项目的环境影响

环境影响评价旨在全面评估项目对自然生态环境的潜在影响，包括生物多样性、水土保持、空气质量、水资源、景观等方面。评价目标是准确了解项目可能引起的环境变化和影响的程度和范围。

（2）提供环境保护和修复措施

环境影响评价的另一个目标是提供适当的环境保护和修复措施，以减轻和纠正项目对环境的不良影响。通过科学评估，确定可行的环境管理措施和技术解决方案，确保项目的可持续发展和环境友好性。

2.原则

（1）科学性

环境影响评价应基于科学方法和可靠数据，依据科学知识和实证研究进行评估和预测。评价过程应严谨、准确、客观，并遵循国际上公认的评价方法和标准。

（2）公正性

评价过程应公正、公平，确保各方利益平衡，不偏袒任何特定利益。评价人员应具备独立性和专业性，不受利益干扰，提供客观的评估结果。

（3）公众参与

环境影响评价应积极促进公众的参与和意见反馈。公众有权了解项目的环境影响和保护措施，并表达自己的看法和关切。公众参与可以增加决策的合法性和可信度，提高决策的科学性和可接受性。

（4）透明度

评价过程应公开透明，及时向公众披露评价资料、结果和决策依据。相关信息应以易于理解的方式呈现，以便公众理解评价的目的、方法和结果。

（5）可持续性

环境影响评价应以可持续发展为导向，综合考虑环境、经济和社会因素。评价结果和环境保护措施应符合生态保护、资源节约和社会效益的要求，实现经济发展与环境保护的协调与平衡。

通过遵循上述原则，环境影响评价可以为生态型露营旅游项目提供科学的评估和保护措施，确保项目的可持续发展和自然生态环境的保护。公众参与和透明度的加强可以增加决策的合法性和可接受性，确保评价过程的公正性和透明度。同时，注重可持续性原则的考虑，可以实现生态型露营旅游的经济效益和环境效益的双赢局面。

（二）环境影响评价的内容

项目描述。环境影响评价应对生态型露营旅游项目进行详细描述，包括项目的性质、规模、位置、建设过程和运营方式等。这有助于全面了解项目的特点和潜在的环境影响。

环境基线调查。为了准确评估项目对自然生态环境的影响，必须进行环境基线调查。这涉及对项目所在区域的自然生态环境进行综合调查，收集和分析相关的数据和信息。调查内容可能包括物种分布、生境类型、土壤质量、水资源状况、空气质量等方面。

潜在影响评估。评估项目对自然生态环境可能产生的潜在影响是环境影响评价的重要内容。这包括对项目可能引起的土地利用变化、水资源利用、噪声污染、景观破坏等方面的影响进行评估和预测。评估结果可以帮助确定潜在影响的程度和范围。

环境风险评估。环境风险评估旨在识别项目可能引发的环境风险和灾害。这包括对洪水、滑坡、土壤侵蚀等风险进行分析和评估。评估结果可以为项目的环境管理和风险防控提供依据，确保项目的可持续发展和环境安全。

环境管理计划。根据评价结果，制定适当的环境管理计划是环境影响评价的重要内容。该计划包括一系列的环境保护和管理措施，旨在减轻项目对自然生态环境的影响并促进可持续发展。这可能包括土地复垦、水资源管理、生物多样性保护、垃圾处理、能源利用等方面的计划和措施。

通过环境影响评价的内容和过程，生态型露营旅游项目的规划、建设和运营可以更加注重环境保护，减少对自然生态环境的负面影响。环境影响评价确保项目在考虑到自然生态环境的基础上，采取适当的措施来减轻可能的环境影响，保护生物多样性、水土保持和景观美观。同时，公众参与和透明的决策过程可以增加项目的社会接受度和可持续性。通过公众参与，可以获取公众的意见和建议，提高项目决策的公正性和透明度，确保各方利益得到充分考虑。此外，环境影响评价还强调监督和检查的重要性，确保项目的环境管理措施得到有效执行，减少违规行为的发生。

（三）环境影响评价的程序和步骤

生态型露营旅游自然生态环境保护法规定了环境影响评价的程序和步骤，以确保项目在规划、建设和运营过程中对自然生态环境的影响得到评估和管理。以下是环境影响评价的详细步骤：

项目申请。生态型露营旅游项目方向环境保护部门提交项目申请，提供项目的基本信息和相关文件。

环境评估范围确定。环境保护部门根据项目的性质和规模，确定适用的环境评估范围。这包括明确需要评估的环境因素和影响范围，例如水土保持、空气质量、生物多样性等。

环境影响评价报告编制。项目方委托专业机构编制环境影响评价报告。报告中包括项目描述、环境基线调查、潜在影响评估、环境风险评估和环境管理计划等内容。报告应基于科学的调查和评估方法，充分考虑项目可能对环境造成的影响。

公众参与和意见征询。在环境影响评价报告编制过程中，开展公众参与和意见征询活动。这包括公开听证会、专家咨询、社区研讨会等形式，听取公众、利益相关方和专家的意见和建议。公众参与的目的是确保评价过程的公正性和透明度，让各方对项目的环境影响有更全面的了解。

环境影响评价报告审查。环境保护部门对编制的环境影响评价报告进行审查。审查主要评估报告的科学性、完整性和可行性，确保评估结果准确反映了项目对自然生态环境的影响，并提出相应的环境保护措施。

决策和许可。环境保护部门根据评估结果、公众意见和法律法规的要求，决定是否批准项目，并制定环境保护许可条件和要求。批准决策通常包括对项目进行管理和监督的要求，以确保项目在实施阶段能够遵守环境保护措施，并减轻对自然生态环境的不利影响。

监督和检查。环境保护部门对项目的实施进行监督和检查。监督的目的是确保项目按照环境影响评价报告中的环境管理计划执行，并遵守环境保护许可条件和要求。部门会定期进行现场检查，评估项目的环境管理情况，包括土地利用、水资源管理、垃圾处理、能源利用等方面。如果发现违规行为或环境问题，将采取相应的处罚和纠正措施，确保项目的环境管理符合法律法规的要求。

监测和评估。环境保护部门要求项目方进行环境监测和评估，以监测项目的环境影响和环境管理的效果。监测内容包括环境指标的监测、生物多样性的调查、水质和空气质量的监测等。评估结果将用于改进环境管理措施和决策，确保项目在运营过程中持续保护和管理自然生态环境。

通过以上的环境影响评价的程序和步骤，生态型露营旅游项目能够在规划、建设和运营阶段全面考虑环境保护，并制定相应的管理措施。环境影响评价确保项目在进行决策前对其环境影响进行评估，通过公众参与和专业审查，确保评价的科学性、公正性和透明度。同时，监督和检查机制保证项目在实施阶段遵守环境保护要求，保护自然生态环境的稳定性和完整性。这些措施和机制的实施能够促进生态型露营旅游的可持续发展，同时减轻对自然生态系统的负面影响，实现旅游业的良性循环和生态保护的双赢。

三、生态修复与保护

生态型露营旅游自然生态环境保护法对生态修复与保护提供了明确的指导和要求。该法律规定了在生态型露营旅游活动中出现环境破坏时，责任方需要承担相应的修复和补偿责任，以确保环境的恢复和保护。

（一）生态修复的重要性

1.恢复生态功能

生态修复旨在修复受损的生态系统，恢复其生态功能和生物多样性。通过采取恢复措施，可以修复受损的土壤、水体和植被，重建生态系统的稳定性和完整性。

2.保护生态平衡

生态修复有助于保护生态平衡，维持物种的相互关系和生态链的稳定性。通过修复受损的生态系统，可以提供合适的栖息地和食物资源，促进物种的繁衍和迁徙。

3.提升生态旅游体验

生态修复可以提升生态旅游的体验价值。恢复受损的自然景观和生物多样性，为游客提供更美丽和丰富的自然环境，增加旅游的吸引力和可持续发展。

（二）生态修复与保护的措施

环境修复计划。责任方需要制定环境修复计划，详细描述修复目标、方法和时间表，确保环境的有效修复和恢复。

恢复植被和生物多样性。通过重新植被和种植当地植物物种，恢复植被覆盖和生物多样性。此外，引入和保护濒危物种，促进物种的保护和繁衍。

水土保持措施。采取适当的水土保持措施，包括植被覆盖、河岸修复、土壤保育等，减少土壤侵蚀、水源污染等环境问题。

废物处理和清理。负责人需确保垃圾和废弃物的妥善处理，包括分类、回收、处置等，减少对环境的污染。

环境监测与评估。进行环境监测和评估，定期检查和评估修复效果，及时采取必要的修正措施。

（三）生态修复与保护的责任与处罚

责任方的义务。生态型露营旅游项目的责任方有责任保护和修复受损的生态环境。他们应遵守环境保护法律法规，积极采取措施预防环境破坏，确保活动对生态系统的影响最小化。

环境修复责任。如果在生态型露营旅游活动中发生环境破坏，责任方需要承担相应的环境修复责任。他们应制定并实施环境修复计划，按照预定的时间表和方法进行修复工作，恢复受损的生态系统。

环境补偿责任。除了环境修复，责任方还需要承担环境补偿责任。环境补偿是对环境破坏所造成的经济和生态损失的补偿措施，可以包括支付罚款、赔偿受损资源等。

处罚措施。对于违反生态型露营旅游自然生态环境保护法规的行为，责任方可能会面临行政处罚和法律追责。行政处罚可以包括罚款、责令停工、吊销许可证等。同时，如果行为属于违法犯罪行为，责任方还可能面临刑事处罚。

监督与检查。相关环境保护部门将对生态型露营旅游项目的实施进行监督和检查，确保责任方按照环境修复和保护要求履行责任。他们将定期进行现场检查、采样测试和评估工作，确保环境修复的效果和质量。

通过对生态型露营旅游项目的生态修复与保护要求，确保责任方对环境破坏负责并采取相应的补救措施。这样可以最大限度地减少项目对自然生态环境的负面影响，保护生物多样性、水土保持和景观美观。同时，监督与检查机制可以确保责任方遵守法规并履行其责任，维护环境的可持续发展。

第二节　水土保持与生物多样性法律法规

一、水土保持法

生态型露营旅游水土保持法旨在保护和管理水土资源，防止水土流失、土地退化以及相关环境问题的发生。以下是该法的详细内容，主要从三个部分进行阐述。

（一）水土保持的要求和原则

1.水土保持目标

该法规定了保护水土资源的基本目标，包括防止水土流失、保持土壤肥力、保护水源地、维护生态平衡等。

2. 预防为主

该法强调采取预防措施，包括科学合理地进行土地利用规划、合理安排农作物轮作、推广节水灌溉技术、建设水土保持设施等，以减少水土流失的风险。

3. 综合治理

该法要求综合考虑水土保持、水资源管理、生态环境保护等因素，推动水土保持与其他领域的协调发展，确保水土保持工作的全面性和协同性。

4. 责任分工

该法规定了政府部门、农民、企业、社会组织等各方的责任分工，强调政府部门的引导和监督作用，农民的自觉参与和合作，企业的环境责任和社会组织的监督作用。

（二）水土保持的措施和管理

1. 水土保持规划

该法要求制定水土保持规划，包括确定水土保持区域、制定保护目标和措施、安排专项资金等，以提供指导和支持水土保持工作的实施。

2. 水土保持设施建设

该法规定了水土保持设施的建设要求，包括建设沟渠、坝堰、防护林等工程，以减缓水流速度、固定土壤、防止水土流失。

3. 水土流失防治

该法要求采取水土流失防治措施，包括植被恢复、农田水利设施建设、农耕方式调整、水土保持措施推广等，以降低水土流失的程度。

4. 农业环境保护

该法强调加强农业环境保护，包括减少农业化学品的使用、推广有机农业、科学施肥、合理农田排灌等，以减少农业活动对水土资源的负面影响。

5. 土地管理和监督

该法规定了土地管理和监督的措施，包括土地利用审批、土地承包和流转管理、土地使用权的保护等，以确保土地的合理利用和保护。

6. 水土保持技术支持

该法鼓励开展水土保持技术研究和示范推广，提供技术支持和培训，促进水土保持技术的创新和应用。

7. 环境监测和评估

该法要求建立水土保持的环境监测和评估体系，定期监测水土资源的状况，评估水土保持工作的效果和成效。

（三）水土保持的执法和处罚

1. 监督和执法

该法规定了水土保持的监督和执法机构，包括环境保护部门、农业部门等，负责水土保护工作的监督、检查和执法。

2.处罚措施

该法规定了对违反水土保持法规的行为的处罚措施，包括罚款、责令停产停业、收缴违法所得、行政拘留等，以确保水土保持法规的有效执行。

生态型露营旅游水土保持法的实施对于保护和管理水土资源，防止水土流失和土地退化，维护环境的健康和生态的完整具有重要意义。它通过规定水土保持的要求和原则，制定相应的措施和管理机制，加强监督和执法，推动水土保持工作的开展和落实。同时，它也强调了各方的责任和参与，促进了政府部门、农民、企业和社会组织的合作和共同努力，以实现生态型露营旅游的可持续发展和环境水土资源的有效保护。

二、生物多样性的管理和保护

生态型露营旅游生物多样性的管理和保护法规旨在保护和管理自然环境中的生物多样性，维护生态平衡和生物资源的可持续利用。

（一）生物多样性保护的目标和原则

1.保护优先原则

生物多样性保护的首要目标是保护濒危物种、珍稀物种和特有物种。这些物种往往具有重要的生态功能和生态价值，对生态系统的稳定性和平衡起着重要作用。优先保护这些物种可以防止它们的灭绝和减少，确保它们的种群数量和分布不受威胁。

2.保护生态系统完整性

生态系统是生物多样性的基础和支撑，保护生态系统的完整性和稳定性是保护生物多样性的重要手段。这包括保护自然栖息地、生态连通性和生态功能。保护自然栖息地意味着保护和恢复各种生境类型，如森林、湿地、海洋等，为物种提供适宜的生存和繁殖条件。保护生态连通性则意味着确保各个生境之间的联系和连通，使物种能够自由迁徙和交流基因。保护生态功能是指保护生态系统所提供的各种生态服务功能，如水源涵养、土壤保持、气候调节等。

3.可持续利用原则

生物多样性保护不仅要求保护生物资源，还要求合理利用这些资源。可持续利用的原则是在满足人类需求的前提下，确保生物资源的可持续利用和维持物种的生存和繁衍。例如，开展野生动植物观赏和生态旅游活动时，要遵循可持续的原则，确保观赏和旅游活动对物种和栖息地的影响最小化，同时促进当地社区的经济发展。科学研究也是可持续利用的重要手段，通过科学研究可以了解物种的分布和数量状况，为制定保护措施提供科学依据。

4.国际合作原则

生物多样性是全球性的问题，各国之间的合作和协调至关重要。国际合作原则强调各国之间的合作与交流，共同推进全球生物多样性的保护事业。通过加强国际的合作机制和合作项目，共同应对生物多样性面临的挑战，如非法野生动植物贸易、跨国生态系统保护等。此外，国际合作还包括共享经验和技术，加强生物多样性保护的科学研究和监测工作，以及共同制定和推动国际生物多样性保护政策和法规。

国际合作原则还涉及保护跨国生物多样性的重要区域，例如国际湿地保护、海洋生物多样性保护和跨境野生动物保护等。通过国际合作，各国可以共同保护和管理这些区域的生物多样性资源，促进区域间的生态平衡和可持续发展。

在生态型露营旅游中，遵循生物多样性的管理和保护原则具有重要意义。旅游者和经营者应当尊重自然环境和生物多样性，避免对物种和栖息地造成破坏和干扰。他们应当遵循可持续利用的原则，通过选择环境友好的旅游行为和支持可持续的旅游业务，为保护生物多样性作出贡献。此外，国际合作也是重要的方面，旅游者和经营者应当关注国际的生物多样性保护合作项目和政策，积极参与其中，共同推进全球生物多样性的保护事业。

生物多样性保护的目标和原则在生态型露营旅游中具有重要指导意义。遵循保护优先、保护生态系统完整性、可持续利用和国际合作的原则，旅游者和经营者可以促进生物多样性的保护和可持续利用，确保生态型露营旅游的可持续发展和自然环境的保护。

（二）生物多样性保护的措施和管理

1.物种保护

制定针对濒危物种、珍稀物种和特有物种的保护措施，包括划定保护区域、建立保护区网络、制定保护计划和管理方案等。这些措施旨在保护和增加受威胁物种的种群数量和分布范围。

2.栖息地保护

重要的生物多样性栖息地的保护是保护生物多样性的关键。该法规定了保护湿地、森林、草原、海洋等自然栖息地的措施，包括建立保护区、设立自然保护区管理机构、制定栖息地管理计划等。这些措施有助于提供适宜的生存环境和繁殖条件，维护物种的种群稳定和生态系统的健康。

3.非法野生动植物贸易的打击

加强打击非法野生动植物贸易的力度是生物多样性保护的重要措施。法律法规规定了加大执法力度、打击盗猎和走私活动、加强边境监控等措施，以保护濒危物种免受非法贸易的侵害。

4.种质资源保护

保护种质资源是维护遗传多样性和物种适应能力的重要举措。法律法规要求建立种质资源库、推进种质资源的保存和利用，以保护和恢复物种的遗传多样性。

5.教育与宣传

开展生物多样性教育和宣传工作可以提高公众对生物多样性保护的认识和重视。通过开展生态型露营旅游活动中的教育项目、宣传活动和环境教育培训等，增强旅游者的环保意识，促进他们对自然生物多样性的理解和保护行动。

6.科学研究和监测

开展科学研究和监测工作可以深入了解生物多样性的状况和变化趋势，为制定有效的保护措施提供科学依据。法律法规鼓励开展生物多样性监测网络、建立数据中心和信息共享机制，以及推动生物多样性的科学研究和监测工作，包括物种清查、种群数量监测、栖息地评估、生境连通性分析等。这些工作有助于了解物种分布、数量和生境需求的变化情况，为制定科学的保护策略提供数据支持。

这些措施和管理机制的建立和实施，为生态型露营旅游提供了法律保障和指导，确保旅游活动与环境水土保持和生物多样性保护的目标相一致。通过合理的规划和管理，生态型露营旅游可以实现与自然环境的和谐共生，为旅游者提供独特的自然体验，并推动地区可持续发展和生物多样性的保护。

（三）生物多样性保护的执法和处罚

生物多样性保护的执法和处罚是确保法律法规有效执行和违法行为得到惩罚的重要手段。在生态型露营旅游中，执法和处罚的严格执行可以促使旅游者和经营者遵守相关法规，减少对生物多样性的损害和破坏。

1.监督和执法机构

生物多样性保护法规规定了专门的监督和执法机构，如环境保护部门、林业部门等。这些机构负责监督生态型露营旅游活动中的生物多样性保护情况，进行定期检查和执法行动。他们通过巡查、取证、调查等手段，确保相关法规的有效执行。

2.处罚措施

生物多样性保护法规规定了对违反法规的行为的处罚措施。违法行为包括非法捕猎、盗窃珍稀植物、非法采集、破坏栖息地等。根据法规的规定，相关部门可以对违法行为者采取罚款、收缴违法所得、行政拘留等处罚措施。处罚的严厉性可以起到震慑作用，减少违法行为的发生，保护生物多样性的完整性。

3.执法合作与协调

生态型露营旅游通常发生在自然保护区、森林等地，涉及多个管理部门和地方政府。为了保护生物多样性，需要建立执法合作与协调机制。不同部门之间需要加强沟通与协作，共享信息和资源，形成合力，共同推进生物多样性的保护工作。

4.宣传和教育

宣传和教育是生物多样性保护的重要手段。相关部门可以通过宣传活动、教育培训等方式，向旅游者和经营者宣传法规的重要性和保护生物多样性的意义。提高公众对生物多样性保护的认知和理解，引导他们形成环保意识和行为习惯。

通过以上的执法和处罚措施以及其他相关措施，生物多样性在生态型露营旅游中能得到更好的管理和保护。这不仅有助于维护自然生态系统的稳定和完整性，保护濒危物种和栖息地，还为旅游者提供了更丰富和独特的生态体验。同时，有效的执法和处罚机制也起到了警示和示范作用，引导旅游者和经营者遵守法规，共同推动生态型露营旅游的可持续发展和生物多样性。保护生物多样性是生态型露营旅游中的重要任务，而执法和处罚措施在其中扮演着关键的角色。通过严格执行法律法规，加强监督和执法，加强宣传和教育，以及加强国际合作，可以有效地管理和保护生物多样性。

第三节　垃圾处理与污染防治法律法规

生态型露营旅游是一种以自然环境为基础的旅游形式，注重与自然的亲密接触和环境保护。尽管没有专门针对生态型露营旅游垃圾处理和污染防治的法律法规，但许多国家和地区都有相关的环境保护法律法规和政策，可以为生态型露营旅游提供指导和规范。

一、垃圾分类和管理

生态型露营旅游经营者和旅游者应根据当地的垃圾分类要求，将垃圾分为可回收垃圾、有害垃圾、湿垃圾和干垃圾，并采取相应的处理措施，如回收、焚烧、填埋等。

（一）垃圾分类的要求

根据当地的法律法规和相关政策，生态型露营旅游经营者和旅游者应遵守垃圾分类的要求。常见的垃圾分类包括可回收垃圾（如纸张、塑料、玻璃、金属等）、有害垃圾（如电池、荧光灯、化学品等）、湿垃圾（如食物残渣、厨余垃圾等）和干垃圾（如纺织品、瓷器、塑料袋等）。

1. 可回收垃圾

可回收垃圾主要包括纸张、塑料、玻璃、金属等可循环利用的物品。在生态型露营旅游中，经营者和旅游者应将这些物品单独收集并进行回收。具体的要求包括：第一，纸张。包括报纸、纸板、纸箱、书本等纸制品，应保持干燥，清洁无油污，可以进行纸张回收。第二，塑料。包括塑料瓶、塑料袋、塑料包装等塑料制品，应清洗干净并分类投放至塑料垃圾桶，以便进行塑料回收。第三，玻璃。包括玻璃瓶、玻璃容器等玻璃制品，应保持完整，清洁无杂质，并投放至玻璃垃圾桶进行玻璃回收。第四，金属。包括铁制品、铝制品、罐头等金属制品，应清洗干净并投放至金属垃圾桶进行金属回收。

2. 有害垃圾

有害垃圾指对人体健康或环境造成潜在危害的物品，包括电池、荧光灯、化学品等。在生态型露营旅游中，有害垃圾需要特殊处理，不能与其他垃圾混合投放，具体要求包括：第一，电池。包括干电池、充电电池等，应单独收集并投放至专用的电池回收容器。第二，荧光灯。包括节能灯、荧光管等，应小心包装并投放至专用的荧光灯回收容器。第三，化学品。如废油漆、废药品等，应妥善包装并送至当地的有害垃圾处理站点。

3. 湿垃圾

湿垃圾主要指易腐烂的生物性废弃物，包括食物残渣、厨余垃圾等。在生态型露营旅游中，对湿垃圾的分类和管理要求如下：第一，食物残渣。包括剩余的食物、果皮、蔬菜废料等，应及时清理并投放至湿垃圾桶内。第二，厨余垃圾。包括厨房废弃物、餐厨垃圾等，应将剩余的食材、食物残渣等与其他厨余垃圾分开收集，可以进行堆肥处理或通过专门的处理设施进行处理。

4. 干垃圾

干垃圾指无法回收、无法进行堆肥处理的其他废弃物，包括纺织品、瓷器、塑料袋等。在生态型露营旅游中，对于垃圾的分类和管理要求如下：第一，纺织品。如旧衣物、床上用品等，可以考虑进行捐赠或二次利用。第二，瓷器。如破碎的陶瓷器皿、花瓶等，应小心包装并投放至于垃圾桶内。第三，塑料袋。应尽量减少使用，可以进行再利用或分类投放至于垃圾桶内。

在生态型露营旅游中，垃圾分类的要求是为了提高资源利用效率，减少环境污染。经营者和旅游者应当积极参与垃圾分类工作，正确投放垃圾，并根据当地政府或管理机构的相关要求，将垃圾分类投放到相应的垃圾桶中。同时，垃圾分类的宣传和教育也应得到重视，通过提供相关知识和指导，增强公众对垃圾分类的意识和参与度，共同营造环境友好的生态型露营旅游环境。

（二）垃圾分类的原则

垃圾分类的原则是指在进行垃圾分类时应遵循的一些准则和要求，以确保分类工作的有效性和可行性。

1. 分类准确性

垃圾分类的首要原则是将垃圾准确地归入相应的分类，避免混淆和交叉污染。旅游者和经营者应了解当地的垃圾分类标准和要求，正确判断垃圾的分类归属。

2. 分类便利性

为了方便旅游者进行垃圾分类，应提供充足、明显的分类垃圾桶和相应的指示牌。分类垃圾桶的设置应符合旅游区域的布局和流量分布，确保旅游者可以方便地找到和使用合适的垃圾桶进行分类投放。

3. 分类可行性

垃圾分类的原则之一是确保分类后的垃圾能够得到有效的处理和管理。需要建立和完善相应的垃圾处理设施和系统，包括回收站、焚烧设施、填埋场等，以保证各类垃圾能够得到妥善处理和处置。

4. 分类宣传教育

宣传教育是垃圾分类工作的重要环节。通过开展宣传教育活动，提高旅游者对垃圾分类的认知和意识，引导他们积极参与垃圾分类行动。宣传教育活动可以包括宣传海报、展示板、讲座、培训等形式，向旅游者传递垃圾分类的重要性和正确方法。

垃圾分类的原则是为了确保分类工作的准确性、便利性、可行性和普及性，从而有效提高垃圾资源的利用率，减少环境污染。在生态型露营旅游中，垃圾分类的原则应得到重视，通过合理的垃圾分类管理和有效的宣传教育，实现垃圾分类工作的全面推进和旅游环境的保护。

二、垃圾收集与处理设施建设

为了确保垃圾得到妥善处理，生态型露营旅游地区应建设适当的垃圾收集和处理设施，包括垃圾桶、分类回收箱、垃圾处理设备等，以方便旅游者进行垃圾分拣和丢弃。

（一）垃圾分类设施

生态型露营旅游地区应设置相应的垃圾分类设施，包括可回收物回收箱、有害物品回收箱、湿垃圾处理设施和干垃圾桶等。这些设施应布置在便利的位置，标识清晰明确，以便旅游者准确地投放垃圾。

1. 可回收物回收箱

可回收物回收箱用于收集可回收的垃圾，如纸张、塑料瓶、玻璃瓶、金属罐等。这些回收箱应设计合理，容量适宜，并标明投放物种类和准则。同时，设施的位置应便利旅游者的投放，例如设置在露营地、景点入口和停车场等易于到达的地方。

2. 有害物品回收箱

有害物品回收箱专门用于收集电池、荧光灯管、化学品容器等有害垃圾。这些回收箱应采取相应的安全措施，如防止有害物品泄漏和二次污染的措施，以确保旅游者的安全和环境的保护。

3. 湿垃圾处理设施

湿垃圾处理设施用于收集食物残渣、厨余垃圾等可腐烂的垃圾。这些设施可以是垃圾桶、垃圾袋或专用的垃圾处理设备，应具备防臭、防虫和防腐蚀的特性，以确保垃圾的正常处理和保持环境卫生。

4. 干垃圾桶

干垃圾桶用于收集纺织品、瓷器、塑料袋等不可回收和不易腐烂的垃圾。这些垃圾桶应具备足够的容量，并标明投放准则，以避免误投放和交叉污染。

垃圾分类设施的设置应考虑旅游区域的特点和流量分布，合理布置在旅游者容易寻找和使用的位置。设施应具备清晰明确的标识和标识牌，以便旅游者准确地投放垃圾。此外，设施的维护和清理也是重要的环节，应定期清理垃圾、更换垃圾袋，并保持设施的整洁和可用性。

垃圾分类设施的设置和管理需要与相关部门、旅游经营者和旅游者之间的合作和协调。相关部门应提供技术指导和支持，旅游经营者应积极配合设施的设置和维护，旅游者应自觉遵守垃圾分类要求。通过共同努力，垃圾分类设施可以发挥其应有的作用，有效减少垃圾污染和环境破坏，保护生态环境的可持续发展。

（二）垃圾处理措施

1. 可回收垃圾处理

可回收垃圾应被收集、清洁并进行再利用。经营者和旅游者应将纸张、塑料、玻璃、金属等可回收垃圾放置在指定的回收容器或回收桶内，确保其质量和价值不受损。随后，这些垃圾将被送往专门的回收站点或回收中心进行分类、加工和再利用，如纸张的再造、塑料的再生利用等。通过有效的回收措施，可回收垃圾可以减少资源的消耗，降低环境的负担。

2.有害垃圾处理

有害垃圾包括电池、荧光灯、化学品等对环境和人体健康有潜在危害的垃圾。经营者和旅游者应特别注意将有害垃圾与其他垃圾分开收集和存放，以防止交叉污染和意外事故发生。有害垃圾应被送往合法的处理设施进行专业处理，如有害物质的分离、中和、破坏等过程，确保其对环境和人体健康的影响最小化。

3.湿垃圾处理

湿垃圾主要包括食物残渣、厨余垃圾等有机废弃物。经营者和旅游者应将湿垃圾进行妥善处理。常见的处理方式包括堆肥和沼气发酵。堆肥是将湿垃圾与其他有机材料一起进行分层堆放和自然腐熟，形成有机肥料。沼气发酵是将湿垃圾置于特定的容器中，通过微生物的发酵作用产生沼气，可以用于能源利用或燃料供应。这些处理方式可以将湿垃圾转化为资源，减少了对土地和水资源的污染。

4.干垃圾处理

干垃圾主要包括纺织品、瓷器、塑料袋等无法回收和分解的垃圾。经营者和旅游者应将干垃圾投放至于垃圾桶中进行集中收集。针对干垃圾的处理，主要采取以下措施：

（1）垃圾填埋

干垃圾可以经过垃圾填埋处理。在合适的填埋场地，干垃圾会被埋入地下，随后进行覆盖和压实，以减少对周围环境的影响。填埋场地需要合理规划和管理，确保垃圾填埋的安全和环保性。

（2）垃圾焚烧

干垃圾也可以通过垃圾焚烧处理。垃圾焚烧是指将垃圾进行高温燃烧，以减少体积和有害物质。在控制好焚烧过程中的温度和排放措施的情况下，可以有效地减少干垃圾的体积，并减少对环境的污染。

（3）垃圾回收利用

尽可能地对干垃圾进行回收利用也是一种可行的处理方式。例如，纺织品可以回收再利用，塑料袋可以进行再生利用，瓷器可以被重新加工成新的产品等。通过适当的分类和回收措施，干垃圾的资源价值可以得到充分利用，同时减少对自然资源的需求。

以上垃圾处理措施应根据当地的法律法规和政策进行合理选择和实施，以确保垃圾的安全处理和环境的保护。同时，垃圾处理过程中应注意减少二次污染和环境风险的发生，采取适当的排放和处理措施，确保垃圾处理过程对环境和人体健康的影响最小化。

三、污水处理与节水措施

生态型露营旅游经营者应合理规划和建设污水处理设施，确保生态型露营旅游活动产生的污水得到有效处理。这可以包括建设污水处理站、采用生态处理系统、利用植物过滤等方法，将污水净化后排放或进行再利用。

（一）污水处理设施规划与建设

生态型露营旅游经营者应在规划和建设阶段充分考虑污水处理设施的设置。根据当地法律法规和管理要求，确定适当的污水处理技术和设施类型，包括生物处理系统、人工湿地、活性炭过滤等，以确保生态型露营旅游活动产生的污水得到有效处理。

（二）污水净化处理

污水处理设施应具备适当的处理能力，能够对生态型露营旅游活动产生的污水进行有效净化。这包括去除悬浮物、有机物、营养物质和微生物等污染物，使污水达到排放标准或可再利用的水质要求。

（三）污水再利用

为了减少对水资源的消耗，生态型露营旅游经营者应考虑污水再利用的措施。通过适当的处理和后续处理，将经过净化的污水用于灌溉、冲洗和其他非饮用用途，以降低对清洁水的需求。

（四）污水排放标准

根据当地法律法规和标准，制定适用于生态型露营旅游活动的污水排放标准。这些标准规定了污水处理设施应达到的水质要求，以确保排放的污水对周围水体和生态环境没有负面影响。

（五）节水措施

生态型露营旅游经营者应采取节水措施，降低水资源的消耗。这包括安装节水设备、推广水资源管理意识、加强水资源的监测和管理等。通过节约用水，可以减少对自然水源的开采和减轻对水资源的压力。

第三章　生态型露营旅游安全管理法律法规

第一节　露营地安全规范与管理法律法规

在生态型露营旅游中，旅游安全管理法律法规起着重要的作用，以保障旅游者的人身安全和财产安全。这些法律法规通常由国家和地方政府制定和管理，旨在规范旅游经营者的行为和责任，保护旅游者的权益，并确保旅游活动的安全性和可持续发展。

一、旅游经营许可和登记要求

旅游经营者在进行生态型露营旅游活动之前，可能需要获得相应的许可证或进行登记。相关法律法规规定了经营者的资质要求、管理要求和责任，以确保其具备开展旅游活动的能力和合规性。

（一）许可证申请和审批

根据法律法规，生态型露营旅游经营者需要向相关部门申请旅游经营许可证。申请过程可能涉及提交详细的申请材料，包括经营者的身份证明、经营计划、安全管理方案等。审批部门将对申请进行评估，并决定是否授予许可证。

（二）资质要求

旅游经营许可和登记要求通常涉及经营者的资质。这可能包括经营者的法律资质、商业注册、相关培训和认证证书等。经营者需要证明自己具备从事生态型露营旅游活动的专业知识和能力。

（三）管理要求

旅游经营许可和登记要求还规定了经营者的管理要求。这包括制定和执行安全管理计划、建立紧急救援措施、培训员工、保障旅游者权益等方面。经营者需要制定相应的管理制度和流程，确保旅游活动的安全性和合规性。

（四）许可证有效期和更新

许可证通常有一定的有效期限，经营者需要在有效期内进行更新申请。更新申请可能需要经营者提交相关的经营情况报告、安全管理报告、财务报告等，以证明自己在经营活动中的合规性和良好运营状况。

（五）违规处罚和撤销许可

如果经营者违反许可和登记要求，可能面临一系列的处罚措施，如罚款、暂停经营、吊销许可等。违规行为可能包括安全管理不善、虚假宣传、不当经营行为等。法律法规对违规经营者进行处罚和许可撤销，以确保旅游活动的安全性和合规性。

通过旅游经营许可和登记要求，旅游部门可以对生态型露营旅游经营者进行资质审核和管理监督，确保他们具备从事旅游活动的能力和责任意识。

二、旅游活动安全标准

旅游安全管理法律法规规定了生态型露营旅游活动的安全标准和规范。这些标准可能涉及旅游设施的安全性、紧急救援设备和措施的配备、活动组织和引导等方面，以确保旅游活动的安全和顺利进行。

（一）旅游设施的安全性要求

生态型露营旅游活动涉及的设施，如露营场地、卫生间、洗浴设施、游泳池等，应符合相应的安全性要求。法律法规可能规定了这些设施的设计、建造、维护和管理标准，以确保旅游者在使用过程中的人身安全。

（二）紧急救援设备和措施的配备

旅游安全管理法律法规要求生态型露营旅游经营者配备必要的紧急救援设备和采取相应的救援措施。这可能包括急救设备、灭火器、应急通信设备等，以应对突发事件和保障旅游者的安全。

（三）活动组织和引导要求

法律法规可能规定了生态型露营旅游活动的组织和引导要求。这包括对旅游者的活动介绍和安全指导，组织活动的人员应具备相应的专业知识和技能。活动组织和引导应确保旅游者的安全，避免发生意外事故。

通过旅游活动的安全标准和规范，旅游安全管理法律法规保障了生态型露营旅游活动的安全性。经营者应遵守相关法律法规，制定并执行相应的安全管理制度和措施，确保旅游者的安全。旅游者也应增强安全意识，遵守安全规范，保护自身的安全。同时，相关部门需要加强监督和检查，确保法律法规的有效执行和旅游活动的安全性。

三、旅游风险评估和管理

旅游经营者可能需要进行旅游风险评估，并采取相应的管理措施来降低旅游活动的风险。法律法规要求经营者对潜在的安全风险进行评估和预防，制定应急预案，并提供安全培训和指导，以确保旅游者的安全。

（一）旅游风险评估的目的

旅游风险评估的目的是识别旅游活动中的潜在风险和危险因素，评估其可能对旅游者的人身安全和财产安全造成的影响。通过评估风险，可以制定相应的管理措施，减少事故和意外事件的发生。

（二）旅游风险评估的内容

旅游风险评估应包括对旅游活动涉及的各个环节和因素进行综合评估。这包括但不限于活动地点的安全性、交通运输的安全性、旅游设施的安全性、旅游器材和装备的安全性、活动组织和引导的安全性等方面的评估。

（三）风险管理措施的制定和实施

旅游经营者应根据风险评估的结果，制定相应的风险管理措施。这包括但不限于制定安全操作规程、设立警示标识、购买适当的保险、配备急救设备和药品等。经营者还应确保员工具备应急处理的知识和技能，并进行相关培训和演练。

四、旅游事故报告和处理

法律法规要求旅游经营者在发生旅游事故时及时向相关部门报告，并配合进行调查和处理。经营者应建立健全的事故报告和处理机制，确保事故得到妥善处理，并采取措施防止类似事故再次发生。

（一）旅游事故报告的要求

法律法规要求旅游经营者在发生旅游事故后，应立即向相关部门报告。报告内容应包括事故的基本情况、受伤人数、伤情严重程度等。报告可以通过电话、传真、电子邮件或其他指定的方式进行，以确保及时传达事故信息。

（二）事故调查和责任追究

相关部门将对旅游事故展开调查，并确定事故的原因和责任。经营者应积极配合调查，提供相关证据和信息。根据调查结果，相关部门将追究责任人的法律责任，以保护旅游者的合法权益。

（三）事故处理和赔偿

经营者应及时采取措施处理事故，并提供必要的救援和紧急医疗服务。如果事故导致旅游者受伤或财产损失，经营者应承担相应的赔偿责任。赔偿范围包括医疗费用、住院费用、残疾赔偿金、丧葬费用等。

（四）事故预防和改进

经营者应针对发生的事故进行全面的分析和评估，总结教训，采取相应的改进措施，以防止类似事故再次发生。这可能包括更新设备、加强员工培训、改进管理制度等方面的改进措施。

通过完善的事故报告和处理机制，可以及时掌握旅游事故的情况，追究责任并采取相应的措施，确保旅游者的安全。经营者应加强事故预防措施，提高安全管理水平，确保旅游活动的安全性和稳定性。此外，旅游者也应增强自我保护意识，遵守旅游规则和安全提示，以减少事故的发生。

五、旅游者权益保护

旅游安全管理法律法规强调保护旅游者的合法权益。这可能包括旅游合同的签订和履行、旅游产品和服务质量的保证、价格公示和合理定价、消费者投诉和维权机制等，以确保旅游者的权益得到充分保护。

（一）旅游合同的签订和履行

法律法规规定了旅游合同的基本要素和内容，要求旅游经营者提供真实、准确的旅游信息，明确旅游产品和服务的内容、价格、行程安排等。合同中应包含双方的权利和义务，保障旅游者的权益得到充分保护。同时，法律法规还规定了合同的解除和违约责任，以应对合同履行过程中可能出现的问题。

（二）旅游产品和服务质量的保证

法律法规要求旅游经营者提供安全、合法、质量可靠的旅游产品和服务。经营者应确保提供的住宿、交通、餐饮、导游等服务符合标准，不损害旅游者的健康和安全。如果旅游产品和服务存在质量问题，旅游者有权要求退款、索赔或要求重新提供符合合同约定的服务。

（三）价格公示和合理定价

法律法规要求旅游经营者公示旅游产品和服务的价格，确保价格真实、透明，并遵守价格法律法规的规定。经营者应合理定价，不得通过欺诈、虚假宣传等手段误导旅游者。旅游者有权了解旅游费用的构成和支付方式，并能够根据自己的需求和经济状况作出选择。

（四）消费者投诉和维权机制

法律法规规定了旅游者提出投诉和维权的途径和程序。旅游经营者应建立健全的投诉处理机制，及时解决旅游者的投诉和纠纷。如果旅游者的合法权益受到侵害，可以向相关部门投诉，寻求协调或通过法律途径维护自己的权益。

（五）信息公开和知情权

旅游安全管理法律法规强调旅游者的信息知情权。经营者应提供真实、准确、完整的旅游信息，包括旅游产品的性质、特点、风险等，以帮助旅游者作出明智的决策。同时，法律法规规定了旅游广告的要求，禁止虚假宣传和误导性的广告内容，以保护旅游者的知情权。

旅游者权益保护的目的是确保旅游者在旅游过程中享有合法权益，获得安全、可靠和满意的旅游服务。旅游经营者应遵守法律法规的要求，保障旅游者的权益，并为旅游者提供便利的投诉和维权渠道，以促进旅游行业的可持续发展和旅游市场的健康运行。

具体的法律法规可能因国家和地区而异，但它们的目的都是确保旅游者在生态型露营旅游中能够享受安全、健康的旅行体验，并为旅游活动的可持续发展提供保障。旅游经营者和旅游者应当遵守相关法律法规，共同促进旅游安全的实现。

第二节　消防安全与应急预案法律法规

消防安全法律法规是为了保障公共场所和建筑物的消防安全而制定的法律法规体系。这些法律法规涵盖了消防设施的设置和使用要求、消防巡查和监督管理等方面，旨在保护人们的生命财产安全。

一、消防设施的设置和使用要求

消防设施的设置和使用要求是消防安全法律法规中重要的一部分，它涵盖了公共场所和建筑物内各种消防设施的规定和要求，旨在确保在火灾发生时能够迅速报警、灭火和疏散人员，最大程度地减少人员伤亡和财产损失。

（一）消防水源

消防水源是指供应灭火用水的水源，包括消防水池、消火栓系统、水泵等。法律法规要求公共场所和建筑物必须配备足够的消防水源，水源的数量、位置和容量要满足灭火需要，并保证其正常运行和维护。

（二）消防器材

消防器材包括灭火器、灭火器械和灭火器具等，用于进行初期灭火和应急灭火。法律法规要求公共场所和建筑物必须按照规定设置和配置适量的消防器材，并定期进行检测、维修和更换，以确保其可靠性和有效性。

（三）消防通道

消防通道是指供人员疏散和消防救援使用的通道，包括疏散楼梯、通道走廊和出口等。法律法规规定了消防通道的宽度、高度、通畅性和标识等要求，以确保人员在火灾发生时能够迅速、有序地疏散，并为消防救援提供便利。

（四）火灾报警系统

火灾报警系统用于检测和报警火灾，及时通知人员进行疏散和灭火。法律法规要求公共场所和建筑物必须配备火灾报警系统，并保证其正常运行。系统的设置和布局应满足火灾发生时的及时报警需求，报警器的数量和位置要符合要求。

（五）自动喷水灭火系统

自动喷水灭火系统是一种自动灭火设施，当火灾发生时能够自动启动并喷洒水剂进行灭火。法律法规要求公共场所和建筑物必须根据具体情况设置自动喷水灭火系统，并保证其正常运行和维护。

公共场所和建筑物的所有人或管理者应严格遵守相关的消防安全法律法规，确保消防设施的合理设置、有效使用和定期维护，提高火灾防控能力，保护人们的生命安全和财产安全。

二、消防巡查和监督管理

为了保证消防设施的有效运行和消防安全的落实，消防安全法律法规规定了消防巡查和监督管理的要求。相关部门会定期进行消防巡查，检查场所和建筑物的消防设施是否符合要求，并督促所有人或管理者履行消防安全责任。法律法规还规定了对违反消防安全要求的行为的处罚和责任追究。

（一）定期消防巡查

消防安全法律法规要求相关部门定期进行消防巡查，对公共场所和建筑物的消防设施和消防安全管理情况进行检查。巡查包括对消防设施的数量、位置、布局、运行状况等方面进行检查，确保其符合相关的标准和要求。巡查还涉及对火灾风险的评估、消防通道的畅通性、灭火器材的配备、消防标识的完整性等方面的检查。巡查人员应具备相关的资质和专业知识，能够及时发现问题并提出整改建议。

（二）消防巡查记录和报告

消防巡查人员应对巡查过程中发现的问题进行记录，并及时向相关部门提交巡查报告。巡查报告包括巡查时间、巡查地点、巡查内容、存在的问题和整改建议等。相关部门根据巡查报告的内容和问题的严重程度，对问题进行分类和处理，提出整改要求，并对整改情况进行跟踪和监督。

（三）整改和追责

如果巡查中发现公共场所和建筑物的消防设施存在问题或违反消防安全法律法规的行为，相关部门会要求负责人或管理者立即进行整改。整改要求包括修复、更换、更新消防设施，完善消防通道，加强人员培训等。如果负责人或管理者不按要求进行整改，将面临相应的处罚和责任追究，包括罚款、责令停业整顿、吊销经营许可证等。

消防巡查和监督管理是消防安全法律法规中的重要环节，通过定期巡查、整改和追责、消防宣传和培训、监督管理等措施，确保公共场所和建筑物的消防设施符合要求，消防安全措施得到有效执行。这些措施的落实能够有效预防和减少火灾事故的发生，最大限度地保护人员的生命安全和财产安全。同时，消防巡查和监督管理的持续性和刚性监管也起到了激励和督促责任人或管理者履行消防安全责任的作用，促进了消防安全工作的持续改进和提升。

三、消防安全培训和演练

为了提高人员对火灾的应急能力和自救能力，消防安全法律法规要求相关场所和建筑物的所有人或管理者组织消防安全培训和演练。培训内容包括火灾预防知识、火灾报警和逃生技能等，演练包括火灾逃生演练和灭火器使用演练等。法律法规还规定了培训和演练的频次和要求。

（一）消防安全培训要求

消防安全培训应包括火灾预防知识、火灾报警和逃生技能等内容。培训的目的是使人员掌握火灾预防的基本知识，了解火灾的危害性和突发情况下的逃生方法。培训还应重点强调消防设施的使用方法和注意事项，如灭火器的正确使用和灭火器材的存放位置。培训可以由消防部门、专业培训机构或具备相应资质的人员进行。

（二）培训对象和频次

消防安全培训的对象包括场所和建筑物内的工作人员、管理人员和其他相关人员。培训应在人员进入工作岗位时进行，包括新员工的入职培训和现有员工的定期培训。培训的频次应根据需要进行，一般建议每年至少进行一次培训，或者根据实际情况进行调整。

（三）消防安全演练要求

消防安全演练是通过模拟火灾情况，让人员在真实环境下实践火灾逃生和灭火技能的训练活动。演练可以包括火灾逃生演练、灭火器使用演练、疏散演练等。演练应根据场所和建筑物的特点和风险评估结果进行规划，并制定详细的演练方案。演练应定期进行，至少每年进行一次，或者根据实际情况进行调整。

通过合理的培训和演练计划，旅游场所和建筑物能够提高员工和参与者的火灾应急意识和技能，确保他们能够迅速、有效地应对火灾情况，保障人员的生命安全和财产安全。同时，定期的培训和演练也有助于发现和解决潜在的安全隐患，提升整体的消防安全管理水平。

四、火灾报警和应急疏散

消防安全法律法规要求公共场所和建筑物必须设置火灾报警系统，并保证系统的正常运行。火灾报警系统可以及时发现火灾并通知人员进行疏散。法律法规还规定了人员疏散的要求，包括明确的疏散路线和出口标识、疏散楼梯和通道的设置、人员疏散的时间限制等。此外，消防安全法律法规还强调对特殊人群（如老年人、儿童、残疾人等）的疏散和救援保障。

（一）火灾报警系统的设置和要求

消防安全法律法规规定，公共场所和建筑物必须设置可靠的火灾报警系统。该系统应包括火灾探测器、手动报警按钮、声光报警装置等设备，能够及时、准确地发现火灾并发出警报。消防安全法律法规还要求对火灾报警系统进行定期检测、维修和维护，确保其正常运行和可靠性。

（二）火灾报警的处理和响应

一旦火灾报警触发，相关场所和建筑物的管理者或工作人员应迅速采取行动。他们应立即确认火灾的发生并启动应急疏散程序，通知所有人员进行疏散。同时，应立即拨打紧急电话报警，并向消防部门报告火灾情况和位置。消防部门将根据报警信息派遣消防人员前往现场扑灭火灾。

（三）人员疏散的要求

消防安全法律法规规定了人员疏散的要求，确保人员能够安全、迅速地离开火灾现场。这包括以下方面：第一，明确的疏散路线和出口标识。场所和建筑物应设置明确的疏散路线，并在显眼的位置设置指示标识，指示人员前往最近的安全出口；第二，疏散楼梯和通道的设置。疏散楼梯和通道应满足相关的建筑规范，保证足够的宽度和承载能力，以便人员快速、顺利地疏散；第三，人员疏散的时间限制。消防安全法律法规规定了人员疏散的时间限制，要求人员在火灾报警后的规定时间内完成疏散，以确保人员的安全。

（四）特殊人群的疏散和救援保障

消防安全法律法规特别关注特殊人群的疏散和救援保障，包括老年人、儿童、残疾人等。场所和建筑物的管理者应制定相应的疏散和救援方案，提供适当的辅助设施和帮助，确保特殊人群的安全疏散和救援。这可能包括以下是关于特殊人群疏散和救援保障的具体措施：第一，老年人。场所和建筑物应考虑老年人的特殊需求，如设置无障碍通道、扶手、坡道等设施，确保老年人能够安全疏散。此外，应提供合适的指示标识和紧急疏散培训，增强老年人的应急意识和自救能力。第二，儿童。针对儿童，场所和建筑物应设置儿童疏散通道和紧急逃生设备，确保他们能够安全疏散。此外，应有专门指派的成年人负责照顾和疏导儿童疏散，提供适当的疏散训练和教育。第三，残疾人。场所和建筑物应考虑残疾人的特殊需求，如设置无障碍通道、轮椅坡道、残疾人专用电梯等设施，确保残疾人能够顺利疏散。此外，应提供残疾人疏散的相关培训和指导，确保他们了解疏散程序和应急设施的使用方法。第四，其他特殊人群。针对其他特殊人群，如孕妇、患有慢性疾病或临时行动不便的人员，场所和建筑物应提供相应的辅助设施和救援支持，确保他们能够安全疏散。此外，应提供相应的指导和培训，帮助他们应对紧急情况。

总之，消防安全法律法规要求场所和建筑物的管理者在火灾报警和应急疏散方面，重视特殊人群的疏散和救援保障。通过合理设置和设施，提供适当的培训和指导，确保特殊人群在火灾发生时能够安全疏散，最大程度地减少人员伤亡和财产损失。

五、消防设施维护和应急预案

消防安全法律法规要求公共场所和建筑物的所有人或管理者负责消防设施的维护和保养。这包括定期检查和维修消防设施，确保其正常运行。此外，法律法规还要求制定和落实应急预案，明确火灾发生时的应急处置措施。

（一）消防设施维护

1.定期检查

所有人或管理者应定期检查消防设施的工作状态和完好性，包括灭火器、消防水源、灭火系统、火灾报警器等。检查应包括设备的有效性、可操作性和防护性能的评估。

2.维修和更换

如发现消防设施存在故障、损坏或过期，应立即进行维修或更换。维修和更换应由专业人员进行，并且维修记录和更换记录应妥善保存。

3.清洁和保养

消防设施应保持清洁和可见，避免被遮挡或阻塞。定期清洁和保养消防设施，包括消防通道、灭火器、灭火器具等，以确保其正常使用。

（二）应急预案

1.编制应急预案

所有人或管理者应制定适合场所和建筑物的应急预案。预案应明确火灾发生时的应急处置措施，包括报警流程、疏散指引、灭火措施等。预案应根据实际情况进行定期更新和调整，确保其适应性和有效性。

2.培训和演练

所有人或管理者应组织相关人员进行消防安全培训和演练。培训内容应包括火灾预防知识、火灾报警程序、灭火器的使用方法、疏散逃生技能等。演练应定期进行，模拟真实火灾场景，以提高人员的应急反应和处理能力。

3.宣传和指导

所有人或管理者应向员工和旅游者提供关于消防安全的宣传和指导，包括火灾预防知识、疏散逃生指引等。通过标识、海报、宣传册等形式进行宣传，增强人们的消防安全意识和应急响应能力。

（三）灭火器材和应急设备

1.灭火器材

场所和建筑物应配备适量、适用性好的灭火器材，如灭火器、灭火器具等。灭火器材的选择应根据场所的特点、火灾风险和灭火能力要求进行评估。灭火器材应根据消防安全法律法规的要求进行安装、摆放和标识，并定期检查、测试和维护，确保其可靠性和有效性。

2.应急设备

场所和建筑物应配备适用的应急设备，如应急照明、应急广播系统等。应急设备应满足消防安全法律法规的要求，保证其在火灾发生时能够提供必要的支持和指导，促进疏散和灭火行动。

（四）应急疏散

1.疏散指示标识

公共场所和建筑物应设置清晰明确的疏散指示标识，指示疏散方向和出口位置。标识应具备良好的可见性，并定期检查和维护，确保其完整和清晰可辨。

2.疏散计划和演练

所有人或管理者应制定疏散计划，明确人员疏散的路线、出口位置和集合点。定期进行疏散演练，模拟火灾情景，以增强人员的疏散意识和行动能力。演练应包括火灾报警、疏散逃生、应急通道使用等环节，评估演练成果并及时修正疏散计划中的不足之处。

3.特殊人群的疏散

公共场所和建筑物应考虑特殊人群（如老年人、儿童、残疾人等）的疏散需求，并提供相应的疏散设施和辅助措施，确保其安全疏散和救援保障。

生态型露营旅游消防安全与应急预案法律法规对消防设施的维护和应急预案的制定及实施提出了详细的要求。遵守这些法律法规，可以确保消防设施的正常运行、应急预案的有效实施，最大程度上保障人员的生命安全和财产安全。同时，定期培训、演练和宣传指导也是重要的环节，可以增强人员的消防安全意识和应急响应能力。

六、火灾事故调查和责任追究

消防安全法律法规规定了对火灾事故的调查和责任追究机制。一旦发生火灾事故，相关部门会展开调查，确定火灾的原因和责任。对于违反消防安全法律法规的行为，会依法追究责任，并给予相应的处罚。

（一）火灾事故调查

目的。火灾事故调查的主要目的是确定火灾的起因、发展过程和损失情况，以获取有关火灾事故的详细信息，为改进消防安全工作提供依据。

调查组成。火灾事故调查通常由相关消防部门、公安机关、技术专家等组成。调查人员应具备专业知识和丰富经验，能够准确判断火灾原因和责任。

（二）火灾事故调查的程序

火灾现场勘查。调查人员会对火灾现场进行勘查，收集物证、痕迹和相关记录。他们会详细了解火灾发生的情况，包括起火点、火势蔓延路径、灭火措施等。

目击证人询问。调查人员会询问现场目击者、参与灭火和救援的人员以及相关责任人，了解火灾发生前的情况、应急处理过程和相关的安全措施。

技术分析。调查人员会进行技术分析，使用科学仪器和技术手段，对火灾原因进行分析和判断。这可能涉及火灾点的化学分析、物理实验和数学模型等。

调查报告。调查人员根据收集到的证据和分析结果，编制火灾调查报告。报告应准确记录火灾的起因、发展过程和相关责任，为后续的责任追究提供依据。

（三）责任追究

违法行为的认定。根据火灾事故调查报告，相关部门会对违反消防安全法律法规的行为进行认定。这可能包括违反建筑防火规范、违规使用易燃材料、无证搭建露营设施等。

法律责任。对于违反消防安全法律法规的行为，相关部门将依法追究责任。责任方可能面临行政处罚、经济处罚、刑事责任以及民事赔偿等法律制裁。

整改要求。根据火灾事故调查结果，相关部门会要求责任方进行整改，消除火灾隐患和不安全因素，确保类似火灾不再发生。整改要求可能涉及消防设施的修复、更新和加固，加强人员培训和意识教育，改善管理措施等。

（四）处罚和惩处

行政处罚。对于违反消防安全法律法规的行为，相关部门可以给予行政处罚，包括罚款、责令整改、吊销相关证照等。处罚的力度和程度根据违法行为的严重性来确定。

刑事责任。如果火灾事故造成人员伤亡或重大财产损失，涉及刑事犯罪的，相关部门会将责任人移交给公安机关进行刑事追究，并依法追究刑事责任。

民事赔偿。对于因火灾事故导致的人员伤亡和财产损失，责任方可能需要承担相应的民事赔偿责任，包括赔偿受害人的医疗费用、财产损失和精神损失等。

（五）整改和改进措施

整改措施。责任方在接到整改要求后，应及时采取相应措施进行整改，消除火灾隐患和不安全因素。整改措施可能包括修复和更新消防设施、加强培训和教育、完善管理制度和流程等。

改进措施。火灾事故调查还可以为相关部门提供改进消防安全工作的建议和措施。这可能包括加大监管力度、提升行业标准和规范、加强宣传教育等，以增强消防安全意识和水平。

生态型露营旅游消防安全与应急预案法律法规规定了对火灾事故的调查和责任追究机制。通过火灾事故的调查，可以确定火灾的原因和责任，并依法对违法行为进行处罚和惩处。责任方需进行整改和改进措施，以消除火灾隐患和不安全因素，确保露营旅游的消防安全。

消防安全法律法规的制定和实施旨在保障公共场所和建筑物的消防安全，确保人们的生命财产得到有效保护。生态型露营旅游活动涉及的场所和建筑物也需要遵守相关消防安全法律法规的规定，确保消防设施的设置和使用符合要求，有效预防和应对火灾风险，保障旅游者的安全。经营者和管理者应严格遵守消防安全法律法规的要求，并加强消防安全培训和演练，增强员工的消防意识和应急能力

第三节　食品安全与卫生法律法规

生态型露营旅游涉及食品供应和卫生管理，因此食品安全与卫生法律法规在保障旅游者的饮食安全和健康方面起着重要的作用。

一、食品安全法

食品安全法是保障食品安全的基本法律法规，规定了食品生产、经营、流通和食品添加剂的使用等方面的要求。根据该法律法规，生态型露营旅游经营者需要确保提供的食品安全合格，遵守食品安全的相关要求。

（一）食品生产许可与登记

食品安全法规定了食品生产企业必须获得食品生产许可或登记，并符合相应的卫生标

准、操作规程和管理要求。生态型露营旅游经营者如果从事食品生产，需要依法获得相应的生产许可或登记，并确保生产过程符合卫生要求。

（二）食品安全监督检验

食品安全法规定了对食品的监督检验制度，包括对食品质量、卫生状况、添加剂使用等方面的检验。生态型露营旅游经营者应配备相应的检验设备和人员，确保提供的食品符合安全和卫生标准。

（三）食品召回制度

食品安全法规定了食品召回制度，即在发现食品存在安全隐患或不符合标准时，经营者应主动采取措施召回相关产品。生态型露营旅游经营者在发现食品问题时，应及时采取召回措施，以保障旅游者的食品安全。

（四）食品添加剂使用

食品安全法对食品添加剂的使用作出了明确规定，包括允许使用的添加剂种类和使用限量等。生态型露营旅游经营者应确保所使用的食品添加剂符合法律法规的要求，不超过规定的使用限量，以保证食品的安全性。

（五）食品安全标签和标识

食品安全法规定了食品包装上应有清晰的标签和标识，包括产品名称、成分表、生产日期、保质期、贮存条件等信息，以便消费者了解食品的基本信息和安全性。生态型露营旅游经营者提供的食品应标明正确的标签和标识，确保旅游者能够获取相关的食品安全信息。

（六）食品安全教育和培训

食品安全法规定了食品经营者应开展食品安全教育和培训，增强从业人员的食品安全意识和操作水准。生态型露营旅游经营者应确保员工接受必要的食品安全教育和培训，包括食品卫生知识、食品处理和储存的卫生规范、食品安全风险识别与管理等内容，以提高其对食品安全的认识和能力。

（七）食品安全监督管理

食品安全法规定了对食品生产、经营和流通环节的监督管理措施。相关部门负责监督食品安全的合规情况，进行食品安全抽检和监测，并对违法行为进行处罚。生态型露营旅游经营者应积极配合相关部门的食品安全监督检查，确保食品安全合规。

食品安全法是生态型露营旅游中保障旅游者饮食安全和健康的重要法律法规。经营者应遵守食品安全法律法规的要求，确保提供的食品安全合格，保障旅游者的健康和权益。此外，经营者还应加强食品安全教育和培训，定期进行食品安全检测和监测，配合食品安全监督管理工作，以确保生态型露营旅游中的食品安全。

二、食品卫生管理法

食品卫生管理法规定了食品卫生的管理和监督制度，包括食品生产加工环境的要求、食品生产工艺的控制、食品存储和运输条件的规定等。经营者需要确保露营地的食品生产、加工和储存环境符合食品卫生要求，并遵守相关规定进行管理。

（一）食品生产加工环境要求

食品卫生管理法规定了食品生产加工环境的卫生要求，包括场地和设施的选择及建设、卫生条件的保持和卫生控制措施等。经营者应确保露营地的食品生产加工场所符合卫生标准，具备良好的卫生设施和条件，如洁净的操作区域、适当的排污系统、充足的通风和排气等。

（二）食品生产工艺控制

食品卫生管理法规定了食品生产工艺的控制要求，包括原料选择和检验、生产操作规范、卫生程序和记录等。经营者应建立完善的食品生产工艺控制体系，确保原料的安全性和质量，采取适当的生产操作措施，记录和追溯食品生产过程，以保证食品的卫生安全。

（三）食品存储和运输条件规定

食品卫生管理法规定了食品存储和运输的卫生条件和规范，包括温度控制、防潮防尘、隔离和分区等。经营者应确保食品在存储和运输过程中符合卫生要求，采取适当的措施防止食品受到污染和变质，确保食品的安全性和品质。

（四）食品卫生监督和检验

食品卫生管理法规定了对食品生产、加工和销售环节的监督和检验要求，包括食品卫生许可证的申请和审批、定期的卫生检查和抽样检验等。相关部门会对经营者进行定期的食品卫生检查，对食品进行抽样检验，以确保食品符合卫生标准。经营者应积极配合监督检查，如发现问题应及时整理并采取相应的纠正措施，确保食品卫生安全。

在生态型露营旅游中，经营者应密切关注食品安全法律法规的要求，并确保食品生产、加工和储存环节符合卫生标准。经营者还应加强食品安全管理的宣传教育工作，提高旅游者对食品安全的认知和意识，保障他们的健康和安全。同时，相关部门也应加强对生态型露营旅游食品安全的监督和管理，确保法律法规的有效执行，保障旅游者的权益。

三、食品安全监督管理条例

食品安全监督管理条例规定了对食品生产、经营、流通环节的监督和管理要求，包括食品生产许可证的申领、食品安全检验和监测、食品召回制度等。经营者需要依法办理相关许可证，定期进行食品安全检测和监测，并按规定实施食品召回等应急措施。

（一）食品生产许可证管理

食品生产经营者需要按照法律法规的要求申领食品生产许可证，并严格遵守相关的生产标准和规范。许可证的申领程序和条件会根据不同类型的食品生产经营者进行规定，确保生产者的资质和能力符合食品安全要求。

（二）食品安全检验和监测

食品安全监督管理条例要求对生产、经营和流通的食品进行定期的检验和监测。监管部门会抽样检测食品的质量和安全性，包括检测食品的添加剂使用情况、农药和兽药残留、重金属含量等。检测结果会作为评估食品安全状况的依据，并根据检测结果采取相应的监管措施。

（三）食品召回制度

食品安全监督管理条例规定了食品召回制度，即当发现食品存在安全问题时，生产经营者需要主动采取召回措施，停止销售、下架产品，并通知消费者进行退换货。监管部门会对召回情况进行监督和评估，并追溯召回食品的生产和流通情况。

（四）食品安全追溯体系

食品安全监督管理条例要求建立食品安全追溯体系，即通过记录食品的生产、加工、运输和销售等环节的信息，实现对食品流向和责任的追溯。追溯体系可以帮助快速确定食品安全问题的原因和责任，以便采取有效的措施进行处置和防控。

食品安全监督管理条例的实施对于保障生态型露营旅游活动中的食品安全具有重要意义。经营者应遵守相关法律法规的要求，建立健全的食品安全管理制度，确保所提供的食品安全合格。消费者也应增强食品安全意识，选择合格可靠的食品产品，并及时向监管部门报告发现的食品安全问题。通过各方共同努力，可以确保生态型露营旅游中的食品安全，保障旅游者的健康和权益。

四、餐饮服务卫生管理条例

餐饮服务卫生管理条例主要针对餐饮行业的卫生管理进行规定，包括餐饮场所的环境卫生、食品加工操作的卫生要求、员工健康管理等。经营者需要确保露营地的餐饮服务符合卫生管理条例的要求，保障食品安全和旅游者的健康。

（一）餐饮场所的环境卫生

卫生条件要求。餐饮场所应保持整洁、无异味，墙壁、地面、天花板等表面应平整、易清洁，并配备必要的排水设施。

环境清洁。餐桌、椅子、餐具等设施应定期清洁和消毒，保持干净卫生。

垃圾处理。餐饮场所应设立垃圾容器，定期清理和处理垃圾，防止污染环境。

（二）食品加工操作的卫生要求

食品原材料。经营者应确保所使用的食品原材料符合卫生标准，防止使用过期、变质或不符合卫生要求的食品。

食品加工区域。餐饮场所应设立专门的食品加工区域，保持清洁，并配备必要的设施和设备，如洗手间、消毒柜等。

加工工艺控制。经营者应采取适当的加工工艺和控制措施，防止交叉污染和食品受到污染。

（三）员工健康管理

健康证明。餐饮从业人员应进行健康检查，并持有效的健康证明，以确保员工身体健康，不患有传染性疾病。

卫生培训。经营者应定期组织员工进行卫生培训，增强其对食品安全和卫生的意识和知识。

个人卫生要求。从业人员应保持个人卫生，如洁净的工作服、洗手和消毒等，以防止潜在的污染。

（四）食品安全检测和监测

食品检验。经营者应配备食品检验设备，定期对所使用的食品进行检验，确保食品的安全合格。

食品标签。经营者应按照法律法规的要求，提供准确、完整的食品标签，包括食品名称、成分表、生产日期、保质期等信息，方便消费者了解食品的相关信息。

（五）餐饮服务的卫生管理

餐饮员工的操作规范。从业人员应按照规定的操作规范进行工作，包括食品的加工、储存、烹饪和供应等环节，确保操作的卫生安全。

清洗和消毒。餐具、餐盘、餐桌等设施应定期进行清洗和消毒，以保证使用的食具卫生。

废水处理。餐饮场所应建立合规的废水处理设施，遵守相关的废水排放标准，防止废水对环境和公共卫生造成污染。

（六）餐饮安全监督和处罚

监督检查。卫生监管部门会定期进行对餐饮场所的卫生检查，评估其卫生管理情况，发现问题及时提出整改要求。

处罚措施。对违反餐饮服务卫生管理条例的经营者，将依法给予相应的行政处罚，包括警告、罚款、责令停业整顿等。

作为生态型露营旅游经营者，遵守食品安全与卫生法律法规的要求对于保障旅游者的健康和权益至关重要。经营者应定期检查和维护餐饮设施，严格控制食品加工操作的卫生要求，并组织员工进行卫生培训。同时，应配备必要的检测设备，确保所提供的食品安全合格。卫生监管部门将定期进行检查和监督，对违规行为进行处罚，以保障公众的食品安全和健康。

第四章　生态型露营旅游土地利用法律法规

第一节　土地规划与用途管理法律法规

生态型露营旅游活动需要合理利用土地资源，并遵守相关的土地利用法律法规，其中包括土地规划与用途管理法。这些法律法规旨在保护土地资源，合理规划和管理土地用途，确保生态型露营旅游的可持续发展和环境保护。

一、土地规划

生态型露营旅游涉及土地利用的规划和管理，以保护生态环境、合理利用土地资源，并确保旅游活动的可持续发展。相关的土地规划和用途管理法律法规为生态型露营旅游提供了指导和规范。其中，土地规划是一个重要的方面，包括国土规划和土地利用总体规划。

（一）国土规划

国家层面的国土规划旨在统筹国土资源的利用，协调不同区域的发展。国家根据国土资源的特点和需求，制定国土规划，包括生态环境保护、土地资源利用和发展等方面的目标和政策。

生态型露营旅游作为一种特殊的旅游活动，国土规划中可能会考虑保护和开发适宜的土地资源，为生态型露营旅游提供合适的场所。

（二）土地利用总体规划

地方政府在国家的指导下制定土地利用总体规划，规划土地的不同用途，包括生态保护用地、旅游用地等。这些规划的制定需要考虑当地的土地资源状况、生态环境特点和旅游发展需求，确保土地利用的科学性和可持续性。

在土地利用总体规划中，可能会设定生态型露营旅游用地的范围和要求，明确规划区域的生态保护和可持续发展的目标，并制定相应的管理措施。

（三）规划实施和管理

地方政府在土地规划中需要制定具体的实施方案和管理措施，确保规划的有效实施。这包括监督土地利用行为的合法性和合规性，推动土地利用的科学规划和管理。

土地规划的实施和管理需要建立健全的管理体制和监督机制，加强对土地利用的监测和评估，及时调整和修订规划，以适应生态型露营旅游的发展需求和环境变化。

土地规划是确保生态型露营旅游可持续发展的重要环节。国土规划和土地利用总体规划为生态型露营旅游提供了合适的土地资源，规划和管理机制保障了土地利用的可持续性和生态环境的保护。

二、土地用途管理

土地用途管理是生态型露营旅游土地利用的重要方面，涉及土地的出让和使用、土地使用权管理以及土地规划的实施。

（一）土地出让和使用

出让方式。土地的出让可以通过拍卖、招标、协议出让等方式进行，具体方式由相关法律法规和地方政府规定。出让方式的选择应公开透明，确保土地使用权的公正获取。

出让条件。土地的出让通常需要满足一定的条件，如土地用途、开发要求、环境保护要求等。经营者在参与土地出让时需要了解和遵守这些条件，确保土地使用的合法性和合规性。

出让合同。土地出让通常需要签订出让合同，明确双方的权益和责任。合同内容包括土地使用权期限、用途限制、开发要求、土地使用权费用等，经营者应仔细阅读和遵守合同条款。

（二）土地使用权管理

土地使用权证。土地使用权的获得需要办理相应的手续，其中包括申领土地使用权证和进行登记。土地使用权证是土地使用者合法权益的证明，需要妥善保管和使用。

土地使用年限。土地使用权通常有一定的使用年限，经营者需要了解土地使用权的到期时间，并在合理的时间内办理续期手续，确保土地使用权的有效性。

土地使用权转让和转租。根据相关法律法规和规定，土地使用权可以进行转让和转租。经营者在进行土地使用权的转让和转租时需要遵守相应的程序和规定，确保转让和转租的合法性。

（三）土地规划实施

实施方案和措施。根据土地规划，地方政府需要制定相应的实施方案和措施，明确土地开发、利用和保护的具体要求。实施方案和措施应符合国家和地方的法律法规，确保土地的合理利用和生态保护。

监督和管理。地方政府和相关部门需要加强对土地规划的监督和管理，确保规划的有效实施。这包括对土地使用情况的监测和评估，及时发现和解决土地利用中存在的问题和违规行为，对违规行为进行处罚和整改，维护土地利用秩序和生态环境的良好状态。

（四）生态型露营旅游土地规划与用途管理的考虑

生态保护与可持续发展。在生态型露营旅游土地规划与用途管理中，应注重生态保护和可持续发展原则。通过科学规划和合理布局，保护重要生态资源和生物多样性，避免对生态环境的破坏。

用地合理性和效率。生态型露营旅游土地的规划和用途管理应注重用地合理性和效率，确保土地利用的科学性和经济性。通过综合考虑土地的自然条件、环境容量和旅游需求，合理安排土地用途，提高土地利用效率。

社会利益和公众参与。在土地规划和用途管理过程中，应考虑到社会利益和公众参与的需求。通过广泛征求意见、听取公众意见和相关利益相关者的建议，确保土地利用的公平性和公正性，促进社会共识和可持续发展。

监督和评估机制。建立健全的监督和评估机制，加强对生态型露营旅游土地规划和用途管理的监督和评估。定期进行土地利用效果评估和环境影响评价，及时发现问题并采取相应措施加以解决。

总结来说，生态型露营旅游土地规划与用途管理法律法规通过国土规划、土地利用总体规划、土地出让和使用、土地使用权管理以及土地规划的实施等方面的规定和要求，保障了生态型露营旅游活动的土地合法性、合规性和可持续性。这些法律法规旨在保护生态环境、优化土地资源配置、促进生态旅游的发展，从而实现经济、社会和环境的协调发展。

第二节 土地所有权与租赁法律法规

生态型露营旅游土地利用法律法规涉及土地所有权和租赁方面的规定，以确保土地的合法性、稳定性和可持续性。

一、土地所有权法

土地所有权法规定了土地的所有权归属和保护的原则。根据该法律法规，土地可以属于国家、集体或个人所有。在生态型露营旅游活动中，相关土地的所有权需按照法律法规规定的程序和要求进行确认和登记。

（一）所有权的归属

土地所有权法明确规定了土地的所有权归属，包括国家所有土地、集体所有土地和个人所有土地。国家所有土地是指属于国家所有并由国家管理的土地；集体所有土地是指属于集体经济组织或农民集体所有并由集体经济组织或农民集体管理的土地；个人所有土地是指属于自然人所有并由自然人管理的土地。

1.国家所有土地

国家所有土地是指属于国家所有并由国家管理的土地。国家所有土地包括国家级自然保护区、国有农场、军事用地、公共设施用地等。这些土地归国家所有，由国家根据法律法规进行统一管理和使用。国家所有土地在土地利用和开发中具有重要的战略意义和公共利益，需要符合相关法律法规的规定进行合法使用和管理。

2.集体所有土地

集体所有土地是指属于集体经济组织或农民集体所有并由集体经济组织或农民集体管

理的土地。在农村地区，农民集体经济组织或农民集体拥有集体所有土地的所有权。这些土地通常是农村耕地、林地、草地等，由集体经济组织或农民集体根据集体决策进行管理和使用。集体所有土地在农村经济发展和农民生计保障中具有重要作用，需要遵循土地管理法律法规的规定进行合法使用和管理。

3. 个人所有土地

个人所有土地是指属于自然人所有并由自然人管理的土地。自然人可以通过合法途径取得土地的所有权，并对土地进行管理和使用。个人所有土地通常是用于个人住宅、个体经营、家庭农场等目的。个人所有土地的所有权和使用权受法律法规的保护，个人土地的转让、抵押、租赁等行为需要依法办理相应手续。

土地所有权法对不同类型土地的所有权归属进行了明确，为土地利用和管理提供了法律依据。不同类型土地的所有权归属决定了土地使用者的权益和责任，需要在法律法规的框架下进行合法、规范的土地利用和管理。同时，土地使用者也应当遵守土地利用约束条件，履行相应的义务，保护土地资源和生态环境的可持续性。

（二）所有权的获取

土地所有权法规定了土地所有权的获取方式。国家所有土地可以通过法定程序划拨、出让、划归等方式转让给集体或个人，集体所有土地可以由集体经济组织或农民集体自愿转让给国家或个人，个人所有土地可以通过继承、购买等方式取得。

1. 国家所有土地的获取

国家所有土地可以通过法定程序划拨、出让等方式转让给集体或个人。这些程序和方式一般由国家相关部门或地方政府负责管理和执行。例如，土地划拨是指国家将国有土地划分给集体经济组织或个人使用，土地出让是指国家将国有土地以出让或招标的形式转让给投资者或经营者进行开发和利用。这些方式的转让需要遵守相关法律法规和程序，确保合法性和合规性。

2. 集体所有土地的获取

集体所有土地可以由集体经济组织或农民集体自愿转让给国家或个人。在农村地区，农民集体经济组织或农民集体拥有集体所有土地的所有权。当集体决定将部分或全部土地转让给国家或个人时，需要按照土地管理法律法规的规定办理相关手续，确保合法性和合规性。这些手续可能包括土地使用权转让协议、土地权属变更登记等。

3. 个人所有土地的获取

个人所有土地可以通过继承、购买等方式取得。继承是指个人通过法定继承程序继承他人的土地所有权，购买是指个人通过购买合同等方式从他人手中获得土地所有权。个人土地的获取需要依照相关的继承法律法规和土地交易法律法规进行，确保合法性和合规性。在购买土地时，个人需要办理相关的土地交易手续，如土地转让合同签订、土地权属登记等。

土地所有权的获取方式在土地利用和管理中具有重要意义。各种获取方式都需要遵守土地管理法律法规的规定，经过合法程序和手续的办理。土地所有权的确权和转让需要依法进行，保护各方的权益，维护土地资源的合理利用和生态环境的可持续性。

（三）所有权的保护

土地所有权法保护土地所有者的合法权益。土地所有者享有对土地的占有、使用、收益和处分权利，并有权依法保护自己的土地所有权。其他单位和个人不得非法侵占、侵害土地所有者的土地所有权。

1.土地占有权保护

土地所有者享有对土地的占有权，即对土地的实际控制和占有。土地所有权法保护土地所有者的占有权，其他单位和个人不得非法侵占土地所有者的土地。如果存在非法侵占行为，土地所有者可以依法要求返还土地或获得相应的补偿。

2.土地使用权保护

土地所有者享有对土地的使用权，即在法定范围内对土地进行合法的利用和使用。土地所有权法保护土地所有者的使用权，其他单位和个人不得非法干扰、限制土地所有者对土地的正常使用。如果存在违法行为，土地所有者可以依法要求恢复土地的正常使用权或获得相应的赔偿。

3.土地收益权保护

土地所有者享有对土地所产生的收益的权利，包括土地租金、土地转让收益等。土地所有权法保护土地所有者的收益权，其他单位和个人不得非法侵占土地所有者的收益。如果存在侵犯行为，土地所有者可以依法要求追回收益或获得相应的赔偿。

4.土地处分权保护

土地所有者享有对土地进行处分的权利，包括土地转让、抵押、租赁等。土地所有权法保护土地所有者的处分权，其他单位和个人不得非法干涉土地所有者对土地的处分权。如果存在违法行为，土地所有者可以依法要求恢复处分权或获得相应的赔偿。

5.法律救济和责任追究

土地所有权法确立了土地所有者的合法权益，对于侵犯土地所有权的行为，土地所有者可以依法采取法律救济措施，包括起诉、申请行政复议或仲裁等。同时，法律法规也规定了对侵犯土地所有权行为的责任追究，对侵权单位和个人进行相应的法律制裁和赔偿。

通过以上的保护措施，土地所有权法确保了土地所有者的合法权益得到了有效的保护，土地所有权的稳定和权威也得到了维护。这有助于激励土地所有者进行土地的合理开发和利用，促进经济社会的可持续发展。

（四）土地登记

土地所有权法规定了土地登记制度。土地所有权的确认需要进行土地登记，登记机构负责土地登记工作。土地登记的目的是确保土地的权属清晰、权益明晰，为土地交易和使用提供合法性和可靠性的证明。

1. 目的和意义

土地登记的主要目的是确保土地的权属清晰、权益明晰。通过登记，可以确定土地的所有者和使用权人，明确土地的范围和边界，确保土地权益的合法性和稳定性。土地登记还有助于提供可靠的土地信息，为土地交易、使用和管理提供法律依据和证明。

2. 登记机构和管理

土地登记工作由土地登记机构负责。登记机构可以是国家或地方的土地管理部门、土地登记局或其他相关部门。登记机构负责收集、审核、登记和维护土地权属信息，确保土地登记工作的准确性、可靠性和及时性。登记机构还负责对土地登记信息的保密和管理。

3. 登记主体

土地登记的主体包括土地所有者、土地使用权人和其他与土地权益有关的主体。土地所有者是指依法享有土地所有权的自然人、法人或其他组织。土地使用权人是指依法取得土地使用权的自然人、法人或其他组织。其他与土地权益有关的主体，包括共有人、抵押权人、承租人等。

4. 登记内容

土地登记的内容包括土地权属、土地范围、土地用途、土地权利限制和其他与土地权益有关的信息。具体登记内容根据法律法规和登记机构的规定而定，可以涵盖土地的地籍信息、权证信息、用途规划信息、抵押信息等。登记内容应准确、完整地反映土地的权属和权益情况。

5. 登记程序

土地登记的程序包括登记申请、资料审核、登记登记簿和登记证明颁发等环节。申请人需提供相关的土地权属证明、身份证明和其他必要的资料，并按照登记机构的要求填写登记申请表。登记机构对申请材料进行审核，核实土地权属和权益情况。审核通过后，进行登记，即将土地权属和权益信息录入登记簿册，并颁发相应的登记证明。

6. 登记效力和保护

土地登记具有法律效力，登记机构登记的土地权属和权益具有公信力，并受法律保护。土地登记的内容和证明文件可以作为土地权属和权益的法律依据，在土地交易、抵押贷款、土地纠纷处理等方面起着重要的作用。任何单位和个人不得否认或侵犯经登记的土地所有权。

7. 登记变更和更新

土地登记是一个动态的过程，土地权属和权益可能会发生变更。土地所有者和使用权人在土地权属发生变更时，应向登记机构申请登记变更。登记机构负责对登记资料进行更新和维护，确保登记信息的及时性和准确性。

8. 土地登记信息公开

土地登记机构应当建立健全土地登记信息公开制度，提供便利的查询和获取途径，保障公众对土地登记信息的知情权和监督权。土地登记信息公开有助于增加透明度，促进土地交易的公平和合法性。

9.土地登记的监督和法律责任

相关部门和社会公众对土地登记机构的工作进行监督，确保登记工作的公正、准确和规范。对于违反土地登记法规定的行为，有关方面将依法追究法律责任，包括行政处罚、民事赔偿等。

土地登记的实施有助于保障土地所有权的合法性和稳定性，促进土地交易和利用的规范化和便利化。它为生态型露营旅游经营者提供了确凿的土地所有权证明，保障其在土地利用过程中的合法权益和稳定经营。同时，土地登记也有助于保护土地资源、优化土地利用结构、促进可持续发展。

（五）土地权属纠纷解决

土地所有权法为土地权属纠纷提供了解决机制。当土地所有权存在争议或纠纷时，相关当事人可以依法通过诉讼、仲裁等途径解决纠纷。法院和仲裁机构会根据法律法规的规定，进行审理和裁决，保障土地所有权的合法权益。

1.解决途径

当涉及土地所有权的纠纷出现时，相关当事人可以选择通过诉讼或仲裁等方式解决纠纷。诉讼是指将纠纷提交给法院进行审理，而仲裁是指将纠纷提交给独立的仲裁机构进行裁决。当事人可以根据实际情况和法律规定选择合适的解决途径。

2.法院解决纠纷

如果当事人选择通过诉讼解决土地权属纠纷，他们可以将纠纷提交给相关的法院。法院将根据土地所有权法和其他相关法律法规的规定，对纠纷进行审理和判决。法院会依法调查事实、审查证据，听取双方的陈述和辩论，并最终作出裁决。

3.仲裁解决纠纷

当事人也可以选择通过仲裁解决土地所有权纠纷。仲裁是一种非诉讼的解决纠纷方式，当事人可以根据约定或法律规定选择一个独立的仲裁机构，由仲裁员进行调解或裁决。仲裁决定具有与法院判决相同的法律效力。

4.法律程序和证据

在土地所有权纠纷的解决过程中，相关当事人需要遵循法律程序和规定。他们需要提供相关的证据和材料，证明自己对土地的所有权主张。证据可以包括土地使用权证书、土地登记证明、合同协议、调查报告等。法院或仲裁机构将依据这些证据来判断土地权属的归属。

5.裁决的执行

一旦法院或仲裁机构作出土地权属的裁决，相关当事人应按照裁决结果履行自己的权利和义务。如果一方不服裁决或拒绝执行裁决，对方可以申请强制执行，法院将依法采取相应的措施，确保裁决的执行。

6.保护合法权益

土地所有权法保护土地所有者的合法权益，确保他们的土地所有权不受侵犯。如果土地所有者认为自己的土地所有权受到侵害，他们可以依法维权并保护自己的合法权益。

总之，土地所有权法为解决土地权属纠纷提供了明确的法律程序和机制。当事人应根据具体情况选择适当的解决途径，并在解决过程中充分维护自己的合法权益。法院和仲裁机构将依法公正地审理和裁决纠纷，维护土地所有者的合法权益。

二、土地租赁法

生态型露营旅游经营者可能需要租赁土地用于设施建设和经营活动。土地租赁法规定了租赁合同的签订、租金的确定、租赁期限和租赁权利义务等方面的内容，以确保土地租赁活动的合法性和稳定性。

（一）租赁合同的签订

根据土地租赁法，土地租赁双方需签订租赁合同，以明确双方的权益和义务。租赁合同应包括租赁期限、租金支付方式、用途限制等重要条款，确保租赁活动的合法性和稳定性。

1.合同主体和基本条款

合同主体：租赁合同的主体是出租人和承租人，出租人是土地的所有者或合法代理人，承租人是希望租用土地的一方。

基本条款：租赁合同应明确双方的基本信息，如出租人和承租人的姓名、联系方式等，并在合同中详细描述租赁土地的位置和面积。

2.租赁期限

租赁期限是租赁合同中的重要条款之一，规定了租赁的时间范围。双方可以协商确定租赁期限的长短，可以是固定期限的租赁，也可以是不定期的租赁。

3.租金支付

租金支付是租赁合同中的核心内容之一，规定了承租人需要支付给出租人的租金金额、支付方式、支付周期等。租金金额可以根据市场行情、土地特性和租赁期限等因素进行协商确定。

4.用途限制

租赁合同中通常会包括土地的用途限制，即约定了租赁土地的特定用途或限制了某些活动。这是为了确保土地的合理利用和保护，符合土地规划和环境要求。

5.租赁费用和费用承担

租赁合同还需明确其他费用的承担责任，如物业管理费、税费等。双方应就费用的支付、计算方式和支付期限等进行约定。

6.维护和修缮责任

租赁合同中一般还包括土地维护和修缮责任的约定。出租人有责任保证土地处于良好状态，并及时修缮维护，承租人有责任保持土地的整洁和安全。

7. 合同变更和解除

租赁合同中应包括合同变更和解除的约定。在特定情况下，双方可能需要变更合同的某些条款或解除合同，因此合同中应明确变更和解除的条件和程序。

8. 违约责任

租赁合同中通常还包括违约责任的规定。当任何一方未履行合同约定的义务或违反合同条款时，违约责任将适用。违约责任可以包括支付违约金、承担赔偿责任或其他法律后果。

9. 保险责任

在一些情况下，租赁合同可能要求承租人购买适当的保险来保障土地使用过程中的风险。这可能包括责任保险、财产保险或其他类型的保险。

10. 纠纷解决

租赁合同中通常还包括纠纷解决的条款，指明当出现纠纷时双方应如何解决，如通过协商、调解、仲裁或诉讼等方式解决争议。

11. 法律适用和管辖

租赁合同中通常会明确适用的法律和管辖的法院。这有助于确定适用的法律规则和解决纠纷的管辖权。

12. 其他约定

根据实际情况，租赁合同中可能还包括其他双方约定的条款和条件，以满足特定的需求和约定。

租赁合同的签订是土地租赁活动的重要环节。合同中应明确双方的权益和义务，包括租赁期限、租金支付、用途限制、费用承担、维护和修缮责任、合同变更和解除、违约责任、保险责任、纠纷解决等内容。通过明确的合同条款，可以确保租赁活动的合法性、稳定性和可靠性，并为双方提供法律保护。

（二）租金的确定

土地租赁法规定了租金的确定原则和方式。租赁双方可以根据市场价格、土地价值、租赁用途等因素来确定租金金额，并在租赁合同中明确支付方式和周期。根据土地租赁法和市场原则，租金的确定应遵循以下原则和方式：

1. 市场价格

租赁双方可以参考市场价格来确定租金金额。市场价格是指在特定时间和地点，根据供需关系和市场竞争情况形成的价格水平。租赁双方可以通过市场调查和比较来确定合理的租金水平。

2. 土地价值

租赁双方可以通过考虑土地的价值来确定租金金额。土地价值取决于土地的位置、用途、规模和发展潜力等因素。通常，土地的优势地段、高价值用途或发展潜力较大的土地，其租金水平较高。

3. 租赁用途

租金的确定还应考虑土地的租赁用途。不同的土地用途对应不同的经济效益和市场需求，因此租金水平可能会有所差异。例如，商业用地、旅游用地或工业用地的租金可能会相对较高，而农业用地或居住用地的租金可能会较低。

4. 协商和合理性

租赁双方应进行充分的协商，以确定租金的合理性和公平性。双方可以就租金金额、支付方式、周期等进行讨论和协商，以确保租金的合理性和可行性。协商过程中，双方可以考虑各自的利益和需求，以达成租金的共识。

5. 法律规定

土地租赁法对租金的确定也提供了一些法律规定。根据当地的法律法规，可能会有关于租金上限、租金调整机制、租金支付方式等的规定，双方在租赁合同中应遵守相关法律法规的规定。

租金的确定是土地租赁活动中的关键问题，需要双方充分协商和考虑各种因素。合理的租金确定可以保障双方的权益，促进土地租赁市场的健康发展。同时，双方还应遵守相关的法律法规，并根据实际情况灵活调整租金条款，以适应市场变化和需求。

（三）租赁期限

土地租赁法规定了租赁期限的内容。租赁期限可以根据双方协商确定，一般包括固定期限和不固定期限两种形式。双方应在租赁合同中明确租赁期限的起止日期和终止条件。以下是与土地租赁期限相关的法律法规要点：

1. 土地租赁法律法规

土地租赁法律法规对土地租赁的期限和续约进行了详细规定，包括租赁期限的最低要求、续约条件和程序等。

2. 土地管理法规定

土地管理法规定了土地使用权的期限和续期办法，对租赁土地的使用权期限和续期提供了具体的规范。

3. 土地出让合同

土地出让合同是土地出让的法律依据，其中包括了租赁期限的具体约定和续约条款，双方应依据合同约定履行。

4. 土地使用权证

土地使用权证是土地所有者或租赁方的法律凭证，其包含了土地使用权的期限和其他相关信息。

5. 当地政府规定

不同地区的土地利用政策和规定可能会对土地租赁期限有所规定，租赁双方应了解并遵守当地政府的相关规定。

在签订土地租赁合同时，租赁双方应明确约定租赁期限的起始日期和终止日期，并在合同中规定续约的条件和程序。租赁期限的约定应兼顾双方的利益和需求，同时遵守法律法规的规定。双方在合同期限届满前应提前协商续约事宜，确保租赁关系的延续。如若不再续租，双方应按照合同约定或法律法规的规定，进行合同的解除和退还租赁物的程序。若存在纠纷，双方可依法通过协商、仲裁或诉讼等途径解决。

租赁期限的约定应遵循法律法规和合同约定，并充分考虑租赁双方的利益和需求。双方应及时沟通，明确租赁期限的约定，并在合同履行过程中遵守合同规定和相关法律法规的要求，确保租赁活动的合法性和稳定性。

（四）租赁权利和义务

土地租赁法规定了租赁双方的权利和义务。出租人应提供符合租赁约定的土地，并保证租赁期间享有合法的土地使用权。承租人应按时支付租金，遵守土地使用规定，对土地进行合理的利用和维护。

1.出租人的权利和义务

提供合法土地。出租人应确保所提供的土地具备合法的使用权和出租条件。出租人应持有土地所有权或合法的土地使用权，确保土地可以被合法租赁。

确定租金和租赁期限。出租人有权根据市场价格、土地价值和租赁用途等因素来确定租金金额，并在租赁合同中明确租金支付方式和周期。出租人还应与承租人约定租赁期限，包括起始日期和终止日期。

维护土地权益。出租人有义务保护自己的土地所有权和租赁权益，采取合法手段维护土地的权益和合法利益。出租人有权要求承租人按照合同约定使用土地，并监督承租人的土地使用行为。

确保租赁物的安全和完整。出租人应确保租赁物（如设施、建筑物等）的安全和完整，采取必要的维护和修缮措施，确保租赁物符合租赁约定的使用要求。

2.承租人的权利和义务

合法使用土地。承租人有权依据租赁合同约定合法使用租赁的土地。承租人应遵守土地使用规定，按照约定的用途合理使用土地，并不得超出租赁范围和约定的使用限制。

按时支付租金。承租人应按照租赁合同约定的方式和周期按时支付租金。租金支付应准确、及时，确保租赁关系的正常运作。

维护和保护土地。承租人应负责合理利用和维护土地，遵守环境保护和生态保育的要求，不得进行破坏土地生态环境的行为，保护土地的生态资源和生态环境。

安全使用土地。承租人应保证土地的安全使用，采取必要的安全措施，防止事故和损失的发生。如发现土地存在安全隐患或需要修缮的情况，承租人应及时向出租人报告并协商解决办法。

不得转租或转让土地。承租人在未经出租人同意的情况下，不得将土地转租或转让给第三方。租赁合同约定的土地使用权仅限于承租人个人或企业使用，禁止擅自将租赁权益转移给他人。

租赁期限履约。承租人应按照约定的租赁期限履行合同义务。在租赁期限届满前，承租人应主动与出租人协商续租或退还土地，并按照约定的方式进行交接。

定期维护和保养。承租人有义务对租赁的土地进行定期维护和保养，保持土地的良好状态，并按照合同约定承担相应的维护责任和费用。

合法使用土地附属设施。如果土地附属设施（如建筑物、设备等）是租赁合同的一部分，承租人应合法使用这些设施，并按照约定负责设施的维护、修缮和保险等事项。

以上是关于生态型露营旅游土地租赁法中承租人和出租人的权利和义务的详细阐述。租赁双方应遵守法律法规和合同约定，保障各自的权益，并共同推动生态型露营旅游土地的可持续发展。

（五）租赁权属保护

土地租赁法强调租赁双方的合法权益保护。租赁双方享有租赁合同约定的权利，并有权要求对方履行合同义务。当存在租赁权益纠纷时，可以通过诉讼、仲裁等方式解决，并依法保护租赁双方的合法权益。生态型露营旅游土地租赁法为租赁双方的租赁权益提供了保护措施和法律依据。

1.合同权利保护

租赁合同是租赁双方之间的法律约束文件，规定了租赁的权利和义务。根据土地租赁法，租赁双方应按照合同的约定履行各自的权利和义务。如果一方违反合同约定，对方有权要求其履行合同或追究其违约责任。

2.合法权益保护

租赁双方的合法权益应得到充分保护。出租人有权享有土地所有权，并依法获得租金收益。承租人则有权依法使用租赁土地，并按时支付租金。如果一方的合法权益受到侵害，另一方有权通过法律途径维护自己的权益。

3.纠纷解决机制

租赁权益纠纷可能发生，土地租赁法为解决此类纠纷提供了相应的机制。当租赁双方发生争议时，可以通过诉讼、仲裁等合法方式解决纠纷。法院和仲裁机构会依法进行审理和裁决，保障租赁双方的合法权益。

4.侵权责任追究

如果一方的行为导致对方的合法权益受到侵害，受害方有权追究侵权方的法律责任。侵权方可能需要承担赔偿责任，包括经济损失赔偿、利益补偿等。

5.监督和检查

为确保租赁权益的保护，相关政府部门会进行监督和检查。他们会对租赁活动进行监督，确保租赁双方遵守法律法规和合同约定，维护租赁权益的合法性和稳定性。

6.合同解除和终止

在某些情况下，租赁合同可能会被解除或终止。例如，当租赁期限届满、租赁合同约定的条件发生变化或出现重大违约行为时，租赁双方可以协商解除合同或请求法院裁决合同的解除。解除合同时，双方应依法履行相应程序，保障合同解除的合法性和有效性。

以上是生态型露营旅游土地租赁法对租赁双方租赁权益保护的主要内容。租赁双方应了解并遵守土地租赁法律法规的规定，确保租赁活动的合法性和稳定性。同时，相关政府部门和社会各界也应加强监督和管理，为生态型露营旅游租赁活动提供良好的法治环境和租赁权益保护机制。

（六）租赁合同的解除和终止

土地租赁法规定了租赁合同解除和终止的情况和程序。租赁合同可能因双方协商、合同期满、解除协议、违约等原因而终止。双方应依法履行解除和终止合同的程序，并处理相关事务。生态型露营旅游土地租赁法为租赁合同的解除和终止提供了相应的规定和程序。

1.双方协商解除

租赁合同可以在双方协商一致的情况下解除。当租赁双方对租赁合同的继续履行达成一致意见时，可以通过书面协议解除合同。双方应明确解除的原因、解除日期以及解除后的事项处理。

2.合同期满

当租赁合同的租赁期限届满时，合同自然终止。双方无须进行额外的解除手续，但应注意及时进行结算和交接等相关事务。

3.解除协议

在租赁期限尚未届满的情况下，租赁双方可以通过协商一致签订解除协议，提前终止租赁合同。解除协议应明确解除的原因、解除日期、解除后的事项处理等内容，并经双方签字确认。

4.违约解除

当一方违反租赁合同的约定，严重影响了租赁关系的正常进行时，对方有权解除合同。解除违约方应依法承担相应的违约责任，并进行赔偿等。

在解除和终止租赁合同时，双方应注意以下事项：第一，结算和交接。在合同解除或终止后，双方应及时进行结算和交接工作。包括租金结算、设施设备的归还或清理、土地的交接等。双方应协商一致，并保证交接过程的顺利进行。第二，公告和通知。当租赁合同解除或终止时，双方应向相关方发出书面公告或通知，明确解除或终止的事实和日期。公告或通知应采取合法有效的方式，并保留相关证据以备查证。第三，法律救济。如果解除或终止合同引发争议或纠纷，双方可以寻求法律救济。如可以通过仲裁、调解或诉讼等方式解决争议，并依法维护自己的合法权益。

生态型露营旅游土地租赁法为租赁合同的解除和终止提供了明确的规定和程序。租赁双方应遵守法律法规，根据合同约定或法律规定进行解除和终止的相关事宜，并确保双方的权益得到保护和维护。

第三节　土地开发与保护法律法规

生态型露营旅游土地开发与保护法律法规是指针对生态型露营旅游活动中土地开发和保护的法律法规。该类法规旨在确保土地资源的可持续利用、生态环境的保护和生态型露营旅游活动的可持续发展。

一、生态保护红线法

红线区域是生态功能区、重要生态保护区和生态脆弱区，严禁破坏和开发。生态型露营旅游需要遵守红线区域的保护要求，确保不对红线区域产生负面影响。

（一）红线区域的划定

1.生态功能区

生态功能区是指具有重要生态功能和生态服务能力的区域，包括自然保护区、生态廊道、湿地保护区等。生态功能区的划定依据生态系统的类型、敏感性、稳定性和重要性等因素，以确保其生态功能的完整和持续。

2.重要生态保护区

重要生态保护区是指具有特殊生态环境和重要生物多样性的区域，包括自然保护区、野生动植物保护区、自然遗产保护区等。重要生态保护区的划定依据物种分布、栖息地质量、生态系统完整性和重要性等因素，以确保对物种和栖息地的保护。

3.生态脆弱区

生态脆弱区是指环境敏感、易受干扰和破坏的区域，包括高山地区、沙漠地区、沿海湿地等。生态脆弱区的划定依据地形、气候、土壤、植被等因素，以确保对脆弱生态系统的保护和恢复。

（二）红线区域的保护要求

1.严禁破坏

红线区域内的自然资源和生态系统应受到严格的保护，任何形式的破坏、开发和利用都是严禁的。不得进行采矿、围垦、建设大型基础设施等对环境产生较大影响的活动。

2.强化管理

红线区域应加强管理和监督，建立健全的管理机制和监测体系。相关部门应加大巡查和执法力度，确保红线区域内的规范管理和保护措施的执行。

3.恢复与修复

对已经受到破坏的红线区域，应采取适当的措施进行生态恢复和修复，以恢复其生态功能和生物多样性。这可能包括植被恢复、水土保持措施、野生动植物保护和栖息地恢复等。

4. 公众参与和教育宣传

红线区域的保护需要广大公众的参与和支持。相关部门应加强与公众和利益相关方的沟通和合作，鼓励公众参与红线区域的保护和管理。同时，开展环境教育和宣传活动，提高公众对生态保护红线的认识和重视。

（三）生态型露营旅游中的红线区域保护

生态型露营旅游活动通常会涉及自然保护区、生态廊道和其他重要生态区域。在这些区域中，保护红线的划定和实施对于保护生物多样性、维护生态系统完整性至关重要。

1. 遵守规定

生态型露营旅游经营者和游客应遵守红线区域的保护要求，不得进行任何破坏性的活动。遵守规定包括不采集、捕杀或扰乱野生动植物，不破坏自然栖息地，不乱丢垃圾或破坏植被。

2. 教育与引导

生态型露营旅游经营者应加强对游客的教育与引导，增强其对红线区域保护的意识和重视。通过解释红线区域的重要性和保护原则，引导游客遵守相关规定，以最大限度地减少对红线区域的影响。

3. 合作与合规

生态型露营旅游经营者应积极配合相关部门的管理和监督，确保自己的经营活动符合红线区域保护的要求。与相关部门建立合作关系，共同制定和执行红线区域的保护措施。

通过红线区域的划定和保护，可以保护生态系统的稳定性和完整性，维护生物多样性的丰富性，保障生态型露营旅游的可持续发展。同时，红线区域的保护措施还可以提供自然生态环境的观赏和体验，为游客提供更加独特和丰富的生态旅游体验。

二、森林法、草原法等自然资源保护法律法规

在生态型露营旅游活动涉及森林、草原等自然资源的开发和利用时，需要遵守相关法律法规，保护自然资源的完整性和生态功能。

（一）森林法

森林法是指针对森林资源的管理和保护而制定的法律法规。森林对于生态型露营旅游具有重要的意义，它们提供了自然环境和生态系统，为旅游活动提供了休闲、观赏和生态体验的场所。森林法的主要内容包括：

1. 森林资源的保护

森林法规定了对森林资源的保护措施，包括森林的保护、修复和更新、防治森林火灾、防治病虫害等。经营者在进行生态型露营旅游活动时应遵守森林法的要求，保护森林资源的完整性和生态功能。

2. 森林资源的可持续利用

森林法鼓励森林资源的可持续利用，要求合理开展森林经营和利用活动，确保森林资源的可持续发展。经营者在进行生态型露营旅游活动时应遵守森林法的要求，合理利用森林资源，并采取相应的保护措施，以确保其可持续利用。

3. 森林保护区的管理

森林法规定了对森林保护区的管理和保护措施，包括划定森林保护区、限制或禁止开展砍伐和开发活动等。经营者在进行生态型露营旅游活动时应遵守森林保护区的管理规定，不得违反相关限制和禁止规定。

（二）草原法

草原法是指针对草原资源的管理和保护而制定的法律法规。草原是生态型露营旅游的重要景观和资源，草原法的实施对于保护和合理利用草原具有重要意义。草原法的主要内容包括：

1. 草原资源的保护

草原法规定了对草原资源的保护措施，包括草原的保护、修复和更新、防治草原退化等。经营者在进行生态型露营旅游活动时应遵守草原法的要求，保护草原资源的完整性和生态功能。

2. 草原资源的合理利用

草原法鼓励草原资源的合理利用，要求科学规划和开展草原经营和利用活动，确保草原资源的可持续利用。经营者在进行生态型露营旅游活动时应遵守草原法的要求，合理利用草原资源，并采取相应的保护措施，以确保其可持续利用。

3. 草原保护区的管理

草原法规定了对草原保护区的管理和保护措施，包括划定草原保护区、限制或禁止开展开垦、砍伐和放牧等活动等。经营者在进行生态型露营旅游活动时应遵守草原保护区的管理规定，不得违反相关限制和禁止规定。

4. 草原生态补偿

草原法规定了草原生态补偿的机制，对于通过生态保护和恢复措施保护草原资源的经营者给予相应的补偿和奖励。经营者在进行生态型露营旅游活动时，若参与草原保护和恢复工作，可以根据草原法的规定申请相关的生态补偿。

森林法和草原法是生态型露营旅游土地利用方面的重要法律法规。遵守这些法律法规的要求，可以保护森林和草原等自然资源的完整性和生态功能，实现土地的可持续利用和保护。经营者在进行生态型露营旅游活动时，应了解并遵守相关的法律法规，确保活动的合法性、可持续性和环境友好性。

三、国土空间规划法

根据国土空间规划法，地方政府应制定土地利用总体规划和详细规划，明确土地用途和发展方向。在制定土地规划时，应考虑生态型露营旅游活动的需求和生态环境保护的要求。

（一）土地利用总体规划

土地利用总体规划是国土空间规划的核心内容，它确定了土地的开发利用方向、空间布局和资源保护的目标。

1. 规划原则和目标

土地利用总体规划制定时，应遵循保护优先、合理利用、可持续发展的原则。

在生态型露营旅游土地利用方面，规划目标可以包括保护自然生态环境、提升旅游资源价值、促进经济发展、改善人居环境等。

2. 土地分类和用途界定

土地利用总体规划将土地划分为不同的功能区，确定各功能区的用途和开发限制。

对于生态型露营旅游活动，可以规划划定旅游用地、自然保护区、生态景观带等特定用途区域，以保护自然资源和生态环境。

3. 空间布局和整体格局

土地利用总体规划要考虑不同用途区域的空间布局，形成合理的整体格局。

在生态型露营旅游土地利用中，可以通过规划分布合适的露营地点、游憩区、生态保护区等，形成统一而合理的空间布局，实现生态环境的保护和旅游活动的有序进行。

国土空间规划法中的土地利用总体规划在生态型露营旅游活动中起着重要的引导和管理作用。通过合理划定土地用途和空间布局、注重生态环境保护和可持续发展，可以实现生态型露营旅游的健康发展，同时确保土地资源的合理利用和生态环境的保护。

（二）土地利用详细规划

土地利用详细规划是在土地利用总体规划的基础上制定的具体实施方案，对不同区域的土地用途进行详细规划和指导。在编制土地利用详细规划时，应充分考虑生态型露营旅游的特点和需求。规划中应合理划定生态型露营旅游用地范围、布局和设施规划，确保其与周边环境的协调与融合。

1. 规划范围和划定

土地利用详细规划应确定生态型露营旅游用地的范围和界限。根据景区或露营地的规模和特点，划定合适的土地用途，并考虑与周边土地利用的协调性。规划还需要考虑生态保护区、文化遗产保护区等特殊保护区域的限制和管理要求。

2. 设施布局和分区规划

土地利用详细规划应确定生态型露营旅游设施的布局和分区规划。根据活动的类型和需求，规划应合理安排露营地、停车场、卫生设施、野外厨房、洗漱区等基础设施的位置和数量。同时，考虑交通、景观和生态保护等因素，划定不同区域的土地用途，如露营区、自然保护区、活动区等。

（三）生态环境保护和修复

国土空间规划法强调生态环境保护和修复的重要性，要求合理保护和利用生态资源，实施生态环境修复和改善措施。在生态型露营旅游土地利用中，应加强对生态环境的保护和修复工作。例如，对于湿地、森林和草原等生态景观，应制定相应的保护措施和修复计划，确保生态系统的健康与可持续发展。

1.生态环境保护目标

生态型露营旅游土地利用中，生态环境保护是关键目标之一。规划应明确保护目标，包括维护生态系统的完整性、保护生物多样性、维护水体和空气的质量等。规划应根据地域特点和生态环境现状，制定相应的保护措施和管理制度。

2.生态环境评估和监测

生态型露营旅游土地利用前，应进行生态环境评估和监测。评估应考虑土地利用对生态系统的影响，包括土地破坏、生物栖息地丧失、水源污染等。监测应定期进行，以评估土地利用的环境效应，并采取相应的调整和管理措施。

3.生态修复计划：对于已受损的生态系统，应制定生态修复计划。修复计划应包括植被恢复、湿地修复、土壤改良等措施，以恢复生态功能和生态过程。修复计划的实施应有明确的时间表和责任人，并定期进行评估和监测，确保修复效果的可持续性。

4.生态景观规划和管理

规划应注重保护和开发生态景观，使其成为生态型露营旅游的重要资源。规划中应考虑景观的连续性和完整性，保护特殊景观要素和关键生态功能区。管理方面应加强景观的维护和管理，确保景观质量和生态环境的稳定。

5.生态教育和公众参与

生态型露营旅游土地利用中，应加强生态教育和公众参与。通过教育和宣传活动，增强人们的生态意识和环境保护意识，促进公众对生态型露营旅游的支持和参与。公众参与可通过环境保护组织、社区参与和利益相关方的合作实现，共同推动生态环境的保护和修复工作。

（四）生态补偿和生态保护红线

国土空间规划法提出了生态补偿和生态保护红线的概念，旨在通过经济手段和法律制度来实现生态环境的保护和修复。在生态型露营旅游土地利用中，可以考虑实施生态补偿机制，鼓励经营者采取环保措施、开展生态修复等，以实现生态补偿和生态保护红线的目的。同时，可以划定生态保护红线，限制开发和利用对生态环境影响较大的区域，保护生态系统的完整性和功能。

1.生态补偿机制

生态补偿是指为了弥补因开发利用而对生态环境造成的损害，采取经济手段对开发者进行补偿的措施。在生态型露营旅游土地利用中，可以通过建立生态补偿机制，鼓励经营者采取环保措施、开展生态修复等，以实现生态补偿的目的。补偿的方式可以包括经济补偿、生态保护工程投资等，用于修复受损的生态系统和提供生态环境服务。

2.生态保护红线

生态保护红线是指在国土空间规划中划定的限制开发和利用的区域，主要用于保护生态系统的完整性和功能。在生态型露营旅游土地利用中，可以通过划定生态保护红线，限制对生态环境影响较大的区域进行开发，保护重要生态功能区、生态景观和生物多样性等。生态保护红线的划定应基于科学的生态评估和规划原则，确保生态环境的可持续发展。

3.生态补偿和生态保护红线的实施

为了有效实施生态补偿和生态保护红线的原则，需要建立相应的管理机制和制度。包括制定生态补偿和生态保护红线的政策和标准，明确补偿标准和补偿对象，建立监测和评估机制，确保补偿和保护红线的实施效果。同时，需要加大法律法规的制定和执行力度，对违反生态补偿和破坏生态保护红线的行为进行追责和处罚。

（五）土地利用评估和监测

土地利用评估和监测是国土空间规划法中的重要要求，用于了解土地利用的情况、评估土地利用的效果和影响，并为土地利用决策和管理提供科学依据。

1.土地利用评估

目的和意义。土地利用评估旨在评估土地利用政策、规划和实践的效果，分析土地利用对经济、社会和环境的影响，并为土地利用的调整和决策提供科学依据。

评估内容。土地利用评估涉及土地利用形态、土地利用结构、土地利用效益、土地利用冲突和土地利用规划执行等方面的内容。通过定量和定性分析，评估土地利用的合理性、可持续性和适应性。

方法和指标。土地利用评估可采用定量和定性相结合的方法，包括指标分析、模型模拟、专家评估等。评估指标可以包括土地利用强度、土地利用效率、土地冲突指数、土地保护率等。

2.土地利用监测

目的和意义。土地利用监测旨在了解土地利用的现状和动态变化，掌握土地利用的实施情况，发现土地利用违法行为和问题，并为土地管理和规划提供数据支持。

监测内容。土地利用监测涉及土地利用类型、土地利用强度、土地利用结构和土地利用变化等方面的内容。通过监测数据，分析土地利用的趋势、问题和挑战，为土地利用调整和决策提供依据。

方法和手段。土地利用监测可以采用遥感技术、地理信息系统（GIS）、地面调查和实地核查等多种手段。遥感技术可用于获取大范围、高时空分辨率的土地利用信息，GIS可用于数据管理、分析和模拟，地面调查和实地核查可提供详细的土地利用数据和情况。

3.监测与评估的关系

互为补充。土地利用监测和评估相互补充，共同为土地利用管理和规划提供支持。监测提供了土地利用的实际数据和情况，评估对这些数据进行分析和综合评价，从而揭示土地利用的效果和影响。

相互促进。监测结果可以为评估提供数据基础，评估结果可以为监测提供分析框架和指导意见。监测和评估相互促进，帮助完善土地利用政策和规划，优化土地利用结构和布局，推动可持续土地利用的实现。

应用领域。土地利用监测和评估可应用于国土空间规划、土地利用规划、城乡规划、生态保护规划等领域。通过监测和评估，可以及时发现问题和风险，提出相应的调整和措施，确保土地利用的科学性和可持续性。

4.监测与评估的实施

机构和责任。土地利用监测和评估的实施涉及多个部门和机构，如国土资源部门、环境保护部门、规划部门等。各部门应协调配合，明确责任分工，共同推进土地利用监测和评估工作。

数据共享与应用。土地利用监测和评估的数据应当及时共享，并应用于决策和管理中。相关部门和机构可以建立数据共享机制，提供可靠的数据支持，为土地利用的优化和管理提供科学依据。

技术支持和培训。土地利用监测和评估需要运用一定的技术和方法，相关部门和机构应加强技术支持和培训，提高监测和评估人员的专业能力和水平，确保监测和评估工作的准确性和有效性。

监测和评估的周期性。土地利用监测和评估应具有周期性，以及时了解土地利用的变化和效果。监测可以进行定期或连续的观测，评估可以进行定期或阶段性的评价，不断完善和调整土地利用政策和规划。

通过土地利用评估和监测，能够全面了解土地利用的情况、效果和问题，为土地利用的管理和规划提供科学依据和支持。同时，监测和评估的结果也可以用于公众信息公开和参与，增加透明度和民众参与度，推动土地利用的可持续发展。

第五章 生态型露营旅游资源
保护与管理法律法规

第一节 自然资源保护与管理法律法规

一、生态型露营旅游自然资源的概念及分类

（一）生态型露营旅游自然资源的概念

生态型露营旅游自然资源是指在生态型露营旅游活动中所依赖和利用的自然环境和自然要素。它们是支撑和滋养生态型露营旅游的基础，包括各种自然景观、生物多样性、地理地貌、水体、森林、草原、湖泊、河流、海洋等。

（二）生态型露营旅游自然资源的分类

1.自然景观

包括山脉、河流、湖泊、海洋、森林、草原、沙漠等自然地貌景观。这些景观通常具有独特的自然美景和生态环境，吸引游客进行露营和旅游活动。

（1）山脉

山脉是指由多个山峰连续组成的地形特征，具有雄伟壮丽的景观。山脉可以提供丰富的户外活动机会，如登山、徒步旅行和观赏美景等。山脉还常常与瀑布、峡谷等地貌特征相结合，形成壮观的自然景观。

（2）河流

河流是由水流汇聚形成的自然水道，流经不同的地貌和生态系统。河流景观可以提供众多的水上活动，如划船、钓鱼和漂流等。同时，河流沿岸的自然环境也为露营和野外生活提供了舒适和美丽的场所。

（3）湖泊

湖泊是由地表水积聚形成的静态水体，通常被山脉或森林环绕。湖泊具有宁静和清澈的水域，常常被用于水上娱乐和休闲活动，如游泳、划船、钓鱼和湖畔露营等。

（4）海洋

海洋是地球上最广阔的水域，具有丰富的生物资源和多样化的生态系统。海洋提供了许多水上活动的机会，如冲浪、游泳、潜水和海上露营。海洋景观的美丽和多样性吸引着

众多旅游者前来探索和体验。

（5）森林

森林是由树木组成的生态系统，具有丰富的生物多样性和自然景观。森林提供了清新的空气、阴凉的环境和美丽的景色，使其成为理想的露营和徒步旅行地点。森林还为野生动物提供了栖息地，使游客有机会近距离观察和欣赏自然界的奇观。

（6）草原

草原是开阔的草地地貌，常常被用作放牧和观赏野生动物的场所。草原景观具有广袤的视野和宁静的氛围，吸引着人们进行露营和野外活动。草原上独特的植被和野生动物群落为游客提供了与自然亲密接触的机会，同时也是观赏日出、星空和远离城市喧嚣的理想场所。

（7）沙漠

沙漠是干旱地区的特殊地貌，以沙丘、沙漠植被和干旱气候为特点。沙漠景观的独特之处在于其荒凉和广袤的特征，给人以与众不同的体验。沙漠露营活动通常包括沙漠穿越、骑骆驼或沙滩车冒险等，让人们感受到大自然的神秘和无限的广袤。

这些自然景观在生态型露营旅游中起着重要的作用，提供了独特的环境和体验。为了保护和管理这些自然景观，需要制定相应的法律法规和管理措施，包括限制开发和利用、建立保护区域、推行可持续管理和教育宣传等。同时，游客和从业人员也应当秉持环境友好意识，遵守相关规定和道德准则，共同保护好这些宝贵的自然景观资源。

2.生物多样性

生物多样性资源包括各类动植物、鸟类、昆虫、水生生物等，为生态型露营旅游提供了丰富的观赏和探索机会。生物多样性是生态型露营旅游中非常重要的自然资源之一，它包括以下几个方面的内容：

（1）物种多样性

物种多样性是指一个地区或生态系统中存在的不同物种的数量和多样性。不同的植物、动物和微生物的存在和互动构成了复杂的生态系统。生态型露营旅游提供了观赏和学习各种物种的机会，如鸟类观察、昆虫探索、植物识别等。

（2）遗传多样性

遗传多样性描述了一个物种内部的遗传变异程度。这种变异可以让物种适应不同的环境和应对不同的压力。在生态型露营旅游中，了解和保护物种的遗传多样性对于维持生物种群的健康和适应性非常重要。

（3）生态系统多样性

生态系统多样性是指一个地区或区域内存在的不同类型的生态系统，包括森林、湿地、海洋、草原等。每种生态系统都具有独特的植被、动物和环境特征，提供了丰富的生态型露营旅游资源。了解和保护不同生态系统的多样性可以确保生态系统的完整性和稳定性。

（4）功能多样性

功能多样性描述了一个生态系统内各种物种在生态过程中的不同功能和角色。不同物种的相互作用和生态功能对于维持生态系统的平衡和稳定起着重要作用。在生态型露营旅游中，了解和欣赏不同物种的功能多样性可以增加对生态系统的认识和理解。

保护生物多样性是生态型露营旅游资源保护和管理的重要任务之一。保护生物多样性可以通过建立自然保护区、推行生态恢复和保护措施、加强生物物种监测和调查、开展环境教育宣传等手段来实现。同时，游客和从业人员也应当尊重和保护生物多样性，遵守相关规定，避免对物种和生境造成破坏。

3. 水体资源

包括河流、湖泊、海洋等水域资源。这些水体提供了游泳、垂钓、水上运动等活动的场所，也是生态型露营旅游中水上活动的重要组成部分。

（1）河流资源

河流是地表水循环系统中的重要组成部分，提供了生态型露营旅游中的水上活动场所。人们可以在河流中进行划船、漂流、钓鱼等水上运动，同时也能欣赏到河流的美景和生态环境。

（2）湖泊资源

湖泊是自然界形成的水体，具有独特的生态系统和景观特点。湖泊提供了游泳、划船、钓鱼等水上娱乐活动的场所，也是观赏水生生物和湖泊景色的理想地点。

（3）海洋资源

海洋是地球表面的巨大水域，拥有广阔的海岸线和丰富的生物多样性。海洋提供了冲浪、游泳、潜水、浮潜等丰富多样的水上活动，让人们可以亲近海洋的奇观和壮丽景色。

4. 森林和草原资源

包括森林、草原等植被资源。这些自然环境提供了户外露营、徒步旅行、野外探险等活动的场所，并具有重要的生态功能和景观价值。

（1）森林资源

森林是由一定数量的树木和其他植物组成的生态系统。森林具有独特的生态功能和景观价值，为生态型露营旅游提供了丰富的活动场所和体验机会。在森林中，人们可以进行户外露营、徒步旅行、观鸟、野外探险等活动，感受大自然的宁静与美丽。

（2）草原资源

草原是以草本植物为主要植被的生态系统。草原具有广阔开阔的特点，呈现出丰富的植被和生物多样性。作为生态型露营旅游的目的地，草原提供了露天露营、草原远足、马术运动等活动的场所，让人们能够亲近自然、感受草原的壮丽和纯净。

5. 地理地貌

包括山地、峡谷、平原、溪流、瀑布等地质和地形特征。这些地貌资源提供了独特的景观和探险机会，吸引着人们进行露营和旅游活动。

（1）山地

山地是地球表面的一种地貌类型，通常由连续的山脉或山岭组成。山地地形多样，具有独特的山峰、峡谷、山谷等景观特点。在山地中进行露营旅游，人们可以欣赏到壮丽的山景、清新的空气，进行徒步、攀岩、登山等户外活动。

（2）峡谷

峡谷是由河流长期侵蚀形成的狭长地形，两侧常常有陡峭的峭壁。峡谷具有独特的地貌特征和自然美景，如悬崖峭壁、奇石怪岩等。在峡谷中露营旅游，人们可以沿着河流徒步、进行漂流、观赏峡谷的壮丽景色。

（3）平原

平原是地球表面广阔的低洼地区，地势平坦。平原通常有广袤的草原、农田等自然景观，具有开阔的视野和丰富的生态资源。在平原地区进行露营旅游，人们可以进行帐篷露营、草原野餐、田园体验等活动，感受宁静与舒适。

（4）溪流

溪流是小型的河流，水流较为平缓。溪流的水质清澈，通常伴有石头、瀑布等景观元素，形成了优美的水景。在溪流中进行露营旅游，人们可以进行钓鱼、溯溪、水上活动等，欣赏溪流的美景和清凉的水域。

（5）瀑布

瀑布是河水从高处陡然坠落形成的景观，水流垂直下落形成飞瀑。瀑布通常伴有雾气和水花飞溅，形成了壮观的自然景观。在瀑布附近露营旅游，人们可以近距离观赏瀑布的壮丽景色，感受水流的震撼和清凉。

6. 自然保护区

自然保护区是为保护自然生态系统和自然资源而设立的特定区域，为生态型露营旅游提供了丰富的环境和体验。

（1）生物多样性保护

自然保护区是保护和维护生物多样性的重要手段。这些区域内生物多样性丰富，包括各种植物、动物和微生物。自然保护区通过限制人类活动和干扰，提供了相对原始的自然环境，为珍稀濒危物种提供了栖息地和繁殖地。

（2）自然景观保护

自然保护区具有独特的自然景观和地貌特征。这些景观包括山脉、湖泊、河流、森林、草原等，各具特色。自然保护区通过保护和管理这些景观，确保其原始性和美丽，为游客提供了观赏和探索的机会。

（3）生态系统服务保护

自然保护区为生态系统的持续运作和生态系统服务的提供起到了重要作用。生态系统服务包括水源涵养、土壤保持、气候调节等，对于维持地球生态平衡具有重要意义。自然保护区通过保护自然生态系统，维护生态系统服务的提供，确保可持续发展和人类福祉。

（4）科学研究和教育

自然保护区为科学研究和教育提供了重要平台。科学家可以在自然保护区开展生态调查和研究，深入了解自然生态系统的功能和变化。同时，自然保护区也为公众提供了了解自然、学习环境知识的场所，通过展览、解说员和教育活动，提高人们对自然保护的认识和意识。

（5）可持续管理和监督

自然保护区的管理和监督是保障其有效运作的重要环节。相关政府部门和管理机构负责制定和执行自然保护区的管理计划和保护措施。监督机构对自然保护区的使用和活动进行监督，确保其符合法律法规和管理要求，保护区内的生态环境和资源得到恰当的保护。

自然保护区管理的目标是实现自然资源的可持续利用和生态保护，并提供给人们进行生态型露营旅游的机会。通过综合的管理措施和各方参与，可以实现生态型露营旅游的可持续发展，同时保护自然环境和生态系统。

在生态型露营旅游活动中，应根据不同的自然资源特点和分类，制定相应的保护措施和管理规定。这包括限制开发和利用对生态环境影响较大的区域，推行可持续利用和生态修复，加强监督和检查，促进社会参与等，以实现自然资源的合理利用和可持续发展。同时，也需要加强宣传教育，增强人们对自然资源保护的意识和重视，共同保护好生态型露营旅游的自然资源。

二、生态型露营旅游自然资源的法律保护措施

生态型露营旅游自然资源保护的法律措施是指通过法律手段来规范和保护生态型露营旅游活动中的自然资源。

（一）自然保护区设立

政府部门根据自然资源的特殊价值和重要性，设立自然保护区并明确其边界和管理范围。自然保护区法规定了自然保护区的管理原则和措施，以确保自然资源得到合理保护和管理。

1. 设立目的

自然保护区的设立旨在保护和维护自然资源的完整性、稳定性和可持续性。这些保护区涵盖了生物多样性丰富的生态系统、独特的自然景观以及濒危物种的栖息地。

保护生物多样性。自然保护区的设立旨在保护和维护丰富的生物多样性。生物多样性是地球上各种生物种类、遗传资源和生态系统的丰富程度。自然保护区提供了濒危物种、稀有物种和特有物种的栖息地，为它们提供安全的生存环境，避免物种灭绝和生态系统崩溃。

维护生态系统功能。自然保护区的设立有助于维护生态系统的功能和稳定性。生态系统是由各种生物体、生物群落和非生物因素相互作用形成的动态复杂系统。自然保护区通过保护关键的生态过程和生物多样性，维持生态系统的功能，包括水循环、气候调节、土

壤保持和水源涵养等，对环境的稳定性和可持续发展起到关键作用。

保护自然景观和地质遗迹。自然保护区涵盖了独特的自然景观和地质遗迹，如山脉、峡谷、瀑布、溪流等。这些景观具有独特的地质特征和自然美景，吸引着人们进行生态型露营旅游和探险活动。自然保护区的设立可以保护这些景观的原始状态，防止人为破坏和环境破坏，使其得以永久保存和欣赏。

促进科学研究和教育。自然保护区提供了科学研究和教育的重要场所。科学家可以在自然保护区中进行生物多样性调查、生态系统监测和环境影响评估等研究工作，为环境保护和可持续发展提供科学依据。同时，自然保护区也为公众提供了学习和教育的机会，通过开展解说、展览和生态教育活动，增加公众对自然资源保护的认识和重视。

促进可持续发展。自然保护区的设立可以促进可持续发展。通过合理管理和保护自然保护区，可以实现生态环境与经济社会发展的良性互动。

2.边界划定

自然保护区的边界是根据科学研究和评估确定的，涵盖了重要的自然资源和生态系统。边界划定需要考虑各种因素，如生物多样性、地理特征、土地利用等，并经过政府部门批准和公示。

科学研究和评估。自然保护区边界的划定是基于科学研究和评估的结果。这些研究和评估通常涉及生物多样性调查、生态系统评估、地形地貌分析、土地利用调查等。科学研究提供了关于自然资源和生态系统分布、物种分布和栖息地需求等方面的数据和信息，为边界划定提供科学依据。

生物多样性保护。边界划定时，生物多样性是重要考虑因素之一。自然保护区的边界应该涵盖关键的生物多样性区域，包括物种丰富度高、特有物种分布、濒危物种栖息地等。保护这些生物多样性热点区域有助于维护生态系统的完整性和稳定性。

地理特征和生态系统边界。边界划定还需要考虑地理特征和生态系统的边界。地理特征可以包括山脉、河流、湖泊、海洋等自然地貌特征，而生态系统边界涉及不同生态系统的过渡区域和相互作用区域。边界划定应尽量准确地界定这些地理和生态系统边界，确保保护区内涵盖了相关的自然资源和生态过程。

土地利用和人类活动考虑。边界划定时需要综合考虑土地利用和人类活动的因素。保护区的边界应尽量避免包含大规模的人类活动区域，如农业用地、城市区域等。然而，也应充分考虑当地社区的需求和利益，尽量避免对当地居民的生计和发展造成不必要的影响。

政府部门批准和公示。边界划定的结果需要经过政府部门的批准和公示。政府部门根据相关法律法规和政策，对自然保护区的边界划定进行审核和决策。一旦边界划定确定，需要通过公告、公示等方式向公众进行通知，确保透明性和参与性。

边界调整和修订。自然保护区边界的划定是一个动态的过程，随着时间的推移和新的科学研究成果的出现，可能需要对边界进行调整和修订。这可以包括扩大保护区范围以纳入新的关键生态系统或物种栖息地，或者缩小保护区范围以适应新的经济社会发展需求。边界调整和修订应基于科学依据，并经过相关政府部门的批准和公示。

3.管理机构

自然保护区设立后，需要成立专门的管理机构来负责保护区的管理和运营。这些机构负责制定保护区的管理规划、制定保护措施、监测自然资源状况、开展科学研究以及开展公众教育和宣传工作。

设立管理机构。自然保护区设立后，需要成立专门的管理机构来负责保护区的管理和运营。这些机构通常是由政府部门、非营利组织或专门委托的管理机构组成，根据法律法规和政府部门指导文件的规定进行运作。

管理规划制定。管理机构负责制定保护区的管理规划，明确保护区的发展目标、管理原则、行动计划和措施。管理规划的制定通常需要考虑保护区的自然资源状况、生态系统特点、濒危物种和关键生境的保护需求，以及社区和利益相关方的意见和需求。

保护措施制定。管理机构负责制定和实施一系列保护措施，以确保保护区内的自然资源得到合理保护和管理。这些措施可能包括限制开发活动、控制非法采伐和捕捞、保护物种栖息地、推广生态修复和恢复等。保护措施的制定需要综合考虑生态保护、社会经济发展和文化传承等因素。

监测和评估。管理机构负责建立监测和评估机制，对保护区内的自然资源状况、生物多样性、生态系统功能等进行定期监测和评估。监测和评估可以借助现代技术和科学方法，如遥感技术、GPS定位、生态学调查等，以获取准确的数据和信息，并为管理决策提供科学依据。

（二）限制性规定

相关法律法规对于某些敏感区域或特定资源采取限制性规定，例如禁止采矿、禁止捕捞等。这些规定旨在保护生态系统的完整性和自然资源的可持续利用。

1.禁止采矿和矿产开发

一些自然保护区和生态脆弱区域可能被禁止进行采矿和矿产开发。这是为了保护地下矿藏、矿产资源和相关的生态系统，避免矿业活动对地质环境、水资源和生物多样性的破坏。这些限制性规定有助于保护环境和自然景观的原始状态，维护生态系统的完整性。

2.禁止捕捞和捕猎

某些生态敏感区域可能禁止或限制捕捞和捕猎活动。这旨在保护水域生态系统的健康和鱼类、水生动物的种群。禁止捕捞和捕猎可以防止过度捕捞、破坏渔业资源和生物多样性，维护生态平衡和渔业的可持续发展。

3.限制土地利用和开发

为了保护生态系统和自然景观，一些区域可能设有限制性的土地利用和开发规定。这可能包括限制建设、限制农业活动、限制土地转让和开垦等。通过限制土地利用和开发，可以减少土地的破坏，保护重要的生物栖息地和自然生态过程，确保自然资源的可持续利用。

4. 禁止或限制破坏性活动

为了保护自然资源和生态系统，一些破坏性活动可能被禁止或限制。这些活动可能包括乱砍滥伐、破坏植被、湿地填埋、水污染、土壤侵蚀等。禁止或限制这些破坏性活动有助于保护生态系统的完整性和功能，防止环境污染和生态破坏。

5. 限制入口和游客流量

在某些自然保护区和生态敏感区域，为了保护自然资源和减少人类活动对生态系统的干扰，可能会限制入口和游客流量。这可以通过限制访问时间、设置入口门票和游客配额、实施预约制度等方式实现。限制入口和游客流量的目的是避免人为扰乱野生动植物的生活，减轻生态系统的压力，确保自然资源得到适度的保护和管理。

6. 设立游览线路和观测点

为了平衡游客需求和自然资源保护的目标，管理机构可以制定特定的游览线路和观测点，引导游客在保护区内有序参观和观察。通过设立合适的线路和点位，可以减少游客对敏感地区的干扰，并集中管理和控制游客的活动范围，以保护特定的生态景观和关键生境。

7. 强制使用环保设施和设备

为了减少生态型露营旅游活动对自然资源的影响，相关法律法规可能要求使用环保设施和设备。这包括使用环保型露营设备、禁止使用一次性餐具和塑料制品、推广清洁能源和节能技术等。通过强制使用环保设施和设备，可以减少对环境的污染和资源的消耗，促进可持续发展的旅游实践。

8. 禁止或限制化学物质使用

为了保护自然资源和生态系统，相关法律法规可能禁止或限制化学物质的使用，特别是对于具有污染性和毒性的化学物质。这包括禁止使用有害农药、化学清洁剂和化学添加剂等。通过限制化学物质的使用，可以减少对土壤、水体和空气的污染，保护自然环境和生物多样性。

9. 强制遵守保护区规定

为了确保自然资源的保护和可持续利用，相关法律法规可能强制要求所有的生态型露营旅游活动参与者遵守保护区的规定和管理措施。这可能包括遵守禁止采集、捕捞和破坏规定，不扰乱野生动植物，不留下垃圾和污染物等。通过强制遵守保护区规定，可以确保游客的行为符合环境保护的原则，减少对自然资源和生态系统的负面影响。

限制性规定的实施需要管理机构与相关部门、旅行社、游客等各方的合作和监督。管理机构可以制定具体的实施方案和措施，建立监测和执法机制，确保限制性规定的有效执行。此外，定期的评估和监测工作也是必要的，以评估限制性规定的效果和可行性，并根据实际情况进行调整和改进。

通过限制性规定，如禁止采矿、禁止捕捞、限制土地利用和开发、禁止或限制破坏性活动等，可以保护生态系统的完整性和自然资源的可持续利用。这些规定是生态型露营旅游自然资源法律保护措施的重要组成部分，旨在确保生态型露营旅游活动与环境保护的目标相一致，实现可持续发展。同时，规定的实施需要管理机构的有效管理、监督和沟通，以及游客和相关方的积极配合与遵守。

（三）罚则和处罚

生态型露营旅游自然资源的法律保护措施中，罚则和处罚是确保法律法规得到有效执行的重要手段。违反相关法律法规和管理规定的行为可能导致自然资源的损害和生态环境的破坏，因此必须对违法行为进行惩罚和处罚。

1.行政处罚

管理机构可以依法对违法行为进行行政处罚，例如罚款、责令停业整顿、吊销经营许可证等。行政处罚旨在对违法行为进行经济惩罚，并迫使违法者停止违法行为，恢复自然资源的原有状态。

2.民事责任

违反自然资源保护法律法规的行为可能给他人造成损害，受害人可以依法向法院提起民事诉讼，要求违法行为者承担民事责任，包括赔偿损失、恢复环境等。民事责任的追究可以起到补偿受害人和修复环境的作用。

3.刑事处罚

对于严重违法行为，涉及犯罪的情况，法律法规规定可以追究刑事责任。例如，非法砍伐珍贵树木、非法捕捞濒危物种等行为可能构成犯罪，犯罪嫌疑人将面临刑事审判和相应的刑事处罚。

4.行政强制措施

对于违法行为造成严重环境破坏、生态系统威胁的情况，管理机构可以采取行政强制措施，强制违法行为者进行环境修复和生态恢复，恢复自然资源的原有状态。

5.暂停或撤销许可证

对于从事生态型露营旅游活动的企业或个人，如果违反法律法规和管理规定，管理机构可以暂停或撤销其相关的经营许可证或资质，限制其继续开展相关活动。

以上是一些常见的罚则和处罚方式，具体的罚则和处罚措施会根据不同的国家和地区的法律法规而有所差异。重要的是，罚则和处罚需要具备适度性、公正性和可执行性，以确保对违法行为的追究，并起到威慑和警示的作用。此外，罚则和处罚应该与违法行为的严重程度相匹配，以确保公平公正的执法和惩罚。

（四）监测和执法

生态型露营旅游自然资源的法律保护措施包括监测和执法，旨在确保自然资源得到有效的管理和保护。

1.监测机构的设立

政府部门可以设立专门的监测机构，负责对生态型露营旅游活动中的自然资源进行监测和评估。这些机构通常由环境保护部门、自然资源管理部门或专门的自然保护机构负责运营。监测机构的职责包括收集、分析和评估与生态型露营旅游相关的自然资源数据，监测自然资源的状况和变化趋势，以及提供科学依据和建议支持决策制定和管理措施的实施。

2.监测内容和指标

监测机构应确定监测内容和指标，以评估生态型露营旅游活动对自然资源的影响。监测内容包括但不限于生物多样性、土壤质量、水质状况、空气质量、景观变化等。指标可以包括物种数量和分布、生态系统健康状况、生态环境质量等。通过监测和评估，可以及时发现自然资源的问题和风险，制定相应的保护和管理措施。

3.执法机构的加强

相关执法机构应加强对生态型露营旅游活动中违法行为的打击和处理。执法机构可以包括自然资源管理部门、环境保护部门、公安部门等。它们负责执行相关法律法规，监督和管理生态型露营旅游活动，打击非法采矿、滥捕滥猎、破坏自然景观等违法行为。执法机构应加大巡查和检查力度，加大对违法行为的处罚力度，确保法律的执行和自然资源的保护。

4.执法标准和程序

为了确保执法的公正和规范，相关执法机构应建立明确的执法标准和程序。执法标准可以包括对违法行为的定义、违法行为的认定标准、处罚措施等。执法程序应包括对违法行为的查处、调查取证、处罚决定、申诉和复议等。通过建立明确的执法标准和程序，可以保障执法的公正性和一致性，避免滥用职权和任意执法。

5.执法措施和处罚

对于生态型露营旅游活动中的违法行为，相关执法机构可以采取一系列执法措施和处罚。这包括口头警告、书面警告、罚款、暂停经营活动、吊销许可证等。执法机构应根据违法行为的性质和严重程度，依法对违法者进行处罚，以起到震慑作用，保护好自然资源。

6.公众参与和意识提升

为了增强生态型露营旅游活动的法律保护效果，需要加强公众参与度和意识的提升。政府部门可以通过开展宣传教育活动、组织培训和研讨会，提高公众对自然资源保护的认识和意识。公众参与可以促进自觉遵守法律法规和管理规定，形成共同的生态保护共识，共同推动生态型露营旅游的可持续发展。

7.监测和执法的协调与合作

为了提高监测和执法的效果，相关部门之间需要加强协调与合作。监测机构和执法机构应建立有效的信息共享和沟通机制，加强数据交流和分析，形成监测和执法的有机衔接。同时，相关部门还应加强与业界、社会组织和公众的合作，共同参与生态型露营旅游资源的保护和管理，形成多方合力。

监测和执法是保护生态型露营旅游自然资源的重要手段。通过建立专门的监测机构、加强执法机构的职责和力量，制定明确的执法标准和程序，采取有效的执法措施和处罚，加强公众参与和意识提升，以及加强监测和执法的协调与合作，可以实现对生态型露营旅游自然资源的有效保护和管理。这些措施的实施将促进生态型露营旅游实践的可持续发展，实现自然资源的长期可持续利用和生态环境的保护。

第二节　文化遗产与景区保护法律法规

一、生态型露营旅游文化遗产的概念及分类

（一）生态型露营旅游文化遗产的概念

生态型露营旅游文化遗产是指在自然环境中存在的具有历史、文化和艺术价值的遗产资源，包括建筑物、遗址、艺术作品、传统技艺、习俗和传统知识等。这些文化遗产与自然环境相互作用，形成了独特的景观和体验，为生态型露营旅游提供了丰富的文化内涵和历史背景。

（二）生态型露营旅游文化遗产的分类

1.建筑文化遗产

包括古代建筑、城堡、庙宇、宫殿、古民居等具有历史和文化价值的建筑物。这些建筑物通常反映了特定时期的建筑风格、社会制度和文化传统，是人类文明发展的重要见证。

（1）古代建筑

古代建筑是指具有悠久历史的建筑物，通常代表了特定历史时期的建筑风格和技术。这些建筑物包括古代宫殿、寺庙、城堡、古民居等。它们承载着丰富的历史文化信息，展示了古代社会的政治、宗教、军事和生活面貌。例如，中国的故宫、埃及的金字塔、希腊的帕台农神庙等都是世界闻名的古代建筑文化遗产。

（2）城堡和宫殿

城堡和宫殿是贵族和统治者居住及行使权力的建筑物。它们具有雄伟的建筑风格和防御设施，同时也是政治和社会权力的象征。这些建筑物通常具有丰富的历史故事和文化背景，成为游客了解历史和欣赏建筑艺术的重要场所。例如，英国的温莎城堡、法国的凡尔赛宫、印度的琼达堡等都是世界著名的城堡和宫殿文化遗产。

（3）古民居和传统建筑

古民居和传统建筑代表了特定地区和民族的建筑风格及生活方式。这些建筑物体现了人们与自然环境的相互关系和适应，反映了他们的文化传统和社会结构。这些建筑物通常采用当地的材料和技术，结合地域特点和气候条件，形成独特的建筑风貌。

(4)工业遗产建筑

工业遗产建筑是指与工业化发展相关的建筑物，如工厂、矿井、码头、铁路站等。这

些建筑物是工业化时代的见证，展示了工业技术和社会经济的发展历程。工业遗产建筑往往具有独特的工程结构和建筑风格，同时也反映了当时劳动者的生活和劳动条件。如英国的铁桥、美国的纺织厂、德国的矿井等都是重要的工业遗产建筑。

（5）艺术建筑

艺术建筑是以艺术创作和表现为目的而建造的建筑物，体现了建筑师的创造力和艺术观念。这些建筑物通常具有独特的形式、结构和装饰，旨在传达美学价值和审美体验。艺术建筑可以是博物馆、剧院、画廊、艺术中心等，也可以是公共艺术作品的一部分。例如，法国的卢浮宫玻璃金字塔、西班牙的巴塞罗那圣家堂、美国的古根海姆博物馆等都是著名的艺术建筑文化遗产。

（6）民间建筑和传统工艺

民间建筑和传统工艺是指基于传统技艺和文化传统而建造的建筑物，如民居、手工艺工坊、传统市场等。这些建筑物体现了当地居民的生活方式和创造力，展示了特定社群的文化特色和民间艺术。民间建筑和传统工艺不仅具有实用功能，也是文化遗产的重要组成部分。如中国的四合院、摩洛哥的里亚德（古城）、印度的手工艺市场等都是具有代表性的民间建筑和传统工艺。

这些不同类型的建筑文化遗产为生态型露营旅游提供了丰富的参观和体验机会，游客可以欣赏到不同地区和时期的建筑风格、文化传统和历史故事。同时，对这些建筑文化遗产的保护与管理也是保护历史文化遗产、传承人类文明的重要任务。通过合理的规划和保护措施，生态型露营旅游活动可以促进人们对建筑文化遗产的认知和理解，增强对历史文化的尊重和保护意识。

2.考古遗址

考古遗址是生态型露营旅游中的一种重要文化遗产形式，它们代表了古代人类活动的痕迹，通过考古学研究可以了解古代文化和社会的发展。

（1）古代城市遗址

古代城市遗址是古代文明中的重要遗存，包括古代城市的遗址、城墙、城门、宫殿、寺庙等建筑遗迹。这些遗址反映了古代城市的规模、布局、社会结构和文化特征。通过考古发掘和研究，可以了解古代城市的发展历程、城市居民的生活方式以及城市在经济、政治和文化方面的作用。

（2）古墓葬

古墓葬是古人埋葬死者的遗址，它们展示了古代社会的宗教信仰、葬礼习俗和社会地位的差异。古墓葬中的墓穴、墓室、陪葬品和壁画等都提供了宝贵的考古信息。通过对古墓葬的研究，可以了解古代人类的社会结构、宗教信仰和文化观念，还可以推断古代经济、政治和艺术的发展。

（3）古代遗址

古代遗址包括古代人类活动的各种遗迹，如村落遗址、工坊遗址、农田遗址、港口遗址等。这些遗址反映了古代社会的生产方式、生活方式和社会组织形式。通过对古代遗址的发掘和研究，可以了解古代社会的经济活动、社会结构和文化特征，还可以揭示古代社会与自然环境的关系。

（4）文化遗址

文化遗址是指具有特殊文化意义的遗址，包括文化景观、古代遗址和文化遗产保护区等。这些遗址与特定的历史事件、文化传统和艺术形式相关联。例如，古代文化遗址可以是古代文明的重要中心，如希腊的雅典卫城、埃及的底比斯等；文化景观可以是特定地区的传统艺术和习俗的体现，如中国的丽江古城、墨尔本的皇家展览馆等。这些文化遗址通过其历史、艺术和文化价值，吸引着游客的关注。

3.艺术作品和艺术遗产

艺术作品和艺术遗产是生态型露营旅游中的重要文化遗产形式，它们通过绘画、雕塑、音乐、舞蹈等艺术形式的作品和表演，展示了人类创造力和文化创造力的体现，具有独特的审美价值和文化意义。

（1）绘画

绘画是一种通过色彩、线条和形状来表达艺术家情感和思想的艺术形式。绘画作品可以是壁画、油画、水彩画、素描等。这些作品通过画家的创造力和技巧，展示了丰富的视觉艺术，反映了不同时期和地区的文化风貌。艺术家通过绘画作品，表达对自然景观、人物形象、历史事件等的理解和感悟，为观众带来视觉上的享受和思考。

（2）雕塑

雕塑是一种通过刻划、塑造和构建来表现艺术家创作意图的三维艺术形式。雕塑作品可以是石雕、木雕、金属雕塑、陶瓷雕塑等。这些作品通过雕塑家的巧思和技艺，创造出立体的形象和空间，呈现出独特的观感和触感。雕塑作品可以表现人物形象、动物形态、抽象概念等，展示了艺术家对物质世界和人类精神的思考和表达。

（3）音乐

音乐是一种通过声音、节奏和旋律来表达情感和思想的艺术形式。音乐作品可以是古典音乐、民族音乐、流行音乐等。音乐通过音符的组合和演奏，传达出丰富的情感和意境，引发观众的情感共鸣。音乐作品可以表现对自然、生活、爱情、战争等主题的理解和感悟，为观众带来听觉上的愉悦和思考。

（4）舞蹈

舞蹈是一种通过身体动作和舞姿来表达情感和思想的艺术形式。舞蹈作品可以是古典舞、民间舞、现代舞等。舞者通过身体的姿态、动作和舞蹈技巧，传达出独特的情感和意义。舞蹈作品可以表达对生活、自然、文化、社会等各种主题的探索和表达，通过舞蹈的动态和节奏，给观众带来视觉和身体上的美感和享受。

4.传统技艺和手工艺品

包括传统的手工艺技术、工艺品和制作方法。这些技艺和手工艺品代代相传，是特定文化群体的宝贵财富，展示了人类的智慧和创造力。

（1）传统技艺的概念

传统技艺是指特定文化群体在长期的历史发展中形成的手工艺技术和工艺制作方法。这些技艺通常代代相传，承载着特定地区或民族的文化传统、生活方式和审美观念。传统技艺涵盖了多个领域，如纺织、陶瓷、木工、金属工艺、漆艺、刺绣等，每一项技艺都有其独特的技术要求和艺术风格。

（2）手工艺品的特点

手工艺品是传统技艺的产物，以其独特的设计和精细的手工制作而闻名。手工艺品包括各种物品，如陶瓷器、木雕、银饰、丝织品、织物、编织品、珠宝等。这些手工艺品通常具有精美的外观和独特的装饰，反映了特定文化的审美观念、价值观和故事传统。

（3）文化意义和价值

传统技艺和手工艺品承载着丰富的文化意义和价值。它们不仅是特定文化群体的宝贵财富，也是文化遗产的重要组成部分。传统技艺和手工艺品体现了特定地区或民族的独特文化特色，是人们认识和理解文化多样性的窗口。这些技艺和艺术品还反映了人类对自然环境、生活方式、宗教信仰等方面的认知和表达。

5.习俗和传统知识

习俗和传统知识是生态型露营旅游中重要的文化遗产形式，它们包括传统的节日、仪式、庆典和民间习俗，以及传统的医药知识、农耕技术、手工技艺等。这些习俗和传统知识代代相传，是人类社会文化的重要组成部分。

（1）传统节日、仪式和庆典

传统节日、仪式和庆典是特定文化群体在特定时刻或特定场合进行的一系列活动。这些活动包括庆祝丰收、迎接新年、祭祀神灵、婚礼、葬礼等。通过特定的仪式、舞蹈、音乐、服饰等表现形式，人们表达对自然、神灵、祖先等的崇敬和敬意，同时加强社群凝聚力和身份认同。

（2）民间习俗

民间习俗是人们在日常生活中遵循的一系列传统规范和行为准则。这些习俗体现了特定文化群体的价值观、生活方式和社会规范。例如，礼仪、风俗、婚丧嫁娶等习俗，通过特定的行为、言语和礼仪来规范人们的社交互动和生活方式，维护社会秩序和道德准则。

（3）传统医药知识

传统医药知识是特定文化群体积累的关于疾病诊断、治疗和保健的传统知识体系。它包括使用草药、针灸、按摩等治疗方法，以及传统的诊断技术和疾病分类理论。传统医药知识与特定地区的自然环境、气候和文化习惯紧密相关，反映了人们对身体健康的理解和维护方式。

（4）传统农耕技术

传统农耕技术是特定地区农民积累的关于农作物种植、土地管理和农业生产的传统知识。这些技术包括耕作方式、种植方法、水利工程、农业日历等。传统农耕技术与特定地区的自然环境、气候条件和农业资源紧密相关，反映了人们对土地和自然资源的理解和利用方式。传统农耕技术包括土地耕种、灌溉系统、种植季节和农事管理等方面的知识和技能，对保护生态环境、维持农业可持续发展具有重要意义。

（5）传统手工技艺

传统手工技艺是特定文化群体传承的关于手工制作和艺术创作的技术和知识。这些技艺包括纺织、陶瓷、木工、金属工艺、编织等。传统手工技艺通过独特的技巧、材料选择和装饰方式，创造出精美的手工艺品。这些手工艺品不仅具有实用功能，还承载着文化、历史和审美价值，是特定文化群体文化传统的重要体现。

生态型露营旅游通过与文化遗产的结合，可以为游客提供丰富多样的文化体验和历史感知。同时，通过对文化遗产的保护和传承，可以促进文化多样性的保护和可持续发展。因此，在生态型露营旅游的规划和管理中，应重视文化遗产的保护和传承。

二、生态型露营旅游文化遗产的法律保护措施

在生态型露营旅游中，文化遗产的保护和管理具有重要意义。

（一）文物保护

生态型露营旅游中的文化遗产，包括建筑物、考古遗址等，是具有历史和文化价值的文物，需要采取相应的保护措施，以确保其原始风貌和历史特征得到保留，同时提供安全和可持续的访问环境。

1. 制定法律和法规

政府部门可以制定相关的法律和法规，以确保生态型露营旅游中的文物得到适当的保护。这些法律和法规可以涵盖文物保护的范围、目标、原则、程序等方面，为文物保护工作提供法律依据和规范。

2. 文物保护机构和专业团队

政府部门和相关机构可以设立专门的文物保护机构，负责管理和保护生态型露营旅游中的文物。这些机构可以组建专业的文物保护团队，包括考古学家、建筑师、文物保护专家等，来进行文物的研究、保护和修复工作。

3. 文物保护规划和管理规范

针对具体的文物，需要制定详细的保护规划和管理规范。这些规划和规范应考虑文物的特点和需求，包括修复、维护、展示和利用等方面。规划和规范的制定应遵循科学、系统和可持续的原则，保护文物的完整性和真实性。

4. 修复和维护工作

对于受损或老化的文物，需要进行修复和维护工作。这涉及修复破损的部分、加固文物的结构、防止进一步的自然和人为破坏等。修复和维护工作需要遵循文物保护的原则和技术标准，确保修复过程中不破坏文物的真实性和历史特征。

5.保护性开发和利用

为了保护生态型露营旅游中的文物，需要进行保护性开发和利用。这涉及在保护文物的前提下，开发合适的设施和服务，以提供游客的访问和体验。保护性开发和利用应遵循可持续发展的原则，平衡保护和利用之间的关系。

6.宣传和教育

宣传和教育是保护生态型露营旅游中的文物的重要手段。政府部门和相关机构可以通过展览、教育活动、导览解说等方式向公众传达文物的价值和保护意识，提高公众对文物保护的重视和参与度。同时，针对游客和从业人员，可以提供培训和教育课程，加强其对文物保护的认知和专业技能。

7.国际合作与经验交流

生态型露营旅游中的文物保护可以借鉴和参考国际经验和最佳实践。政府部门和相关机构可以加强国际合作与交流，与其他国家和组织分享经验和技术，共同推进文物保护工作的提升和创新。

8.监测和评估

建立文物保护的监测和评估机制，定期对生态型露营旅游中的文物进行检测和评估。通过监测和评估，及时了解文物的状态和风险，采取必要的措施进行保护和修复，确保文物的可持续保护。

9.法律监管和惩罚措施

针对文物遭到破坏、盗窃或非法交易的行为，需要加强法律监管和惩罚措施，制定和执行严格的文物保护法律，打击文物犯罪行为，加大对非法文物贸易的打击力度，保护生态型露营旅游中的文物免受损失和非法侵害。

生态型露营旅游中的文物保护需要政府部门、文物保护机构、从业人员和公众的共同努力。通过科学的保护措施和可持续的管理方式，保护生态型露营旅游中的文物，使其成为游客体验和文化传承的重要资源。同时，文物保护也促进了生态旅游的可持续发展，保护自然环境和文化遗产的和谐共存。

（二）文化遗产管理计划

文化遗产管理计划是为了保护和管理生态型露营旅游中涉及的文化遗产资源而制定的一项计划。该计划旨在保护和传承文化遗产的价值和意义，同时确保文化遗产在生态型露营旅游活动中得到适当的保护和管理。

调查和登记是文化遗产管理计划的重要环节。通过对生态型露营旅游区域内的文化遗产资源进行全面的调查和登记，可以了解其历史、背景和价值。这包括建筑物、遗址、艺术品、传统技艺等文化遗产资源的详细记录和描述。调查和登记的结果可以作为后续保护和管理工作的依据。

保护和修复是文化遗产管理计划的核心内容之一。根据调查和登记的结果，制定相应的保护和修复措施，确保文化遗产资源的完整性和可持续利用。保护措施可以包括建立文物保护区、设立防护设施、加强建筑物的维护和修复工作，以及采取措施保护和修复考古遗址等。通过保护和修复，可以延续文化遗产的生命力和历史价值，使其能够继续为生态型露营旅游提供丰富的文化体验。

管理和监督是文化遗产管理计划的关键环节。建立科学的管理机制，制定管理规定、管理计划和管理方案，建立专门的管理机构和团队，负责文化遗产资源的日常管理和维护工作。同时，建立监督机制，加强对文化遗产资源的监测和评估，及时发现问题并采取相应的措施加以解决。管理和监督的目的是确保文化遗产资源得到有效的保护和管理，并为游客提供安全和可持续的访问环境。

宣传和教育是文化遗产管理计划的重要组成部分。通过宣传和教育活动，向游客、从业人员和公众传达文化遗产的价值和保护意识，促进公众的积极参与和支持。宣传和教育可以采取多种形式，包括展览、讲座、培训、导览解说等。通过宣传和教育，可以提高公众对文化遗产的认知和理解，增强其对文化遗产保护的重视和支持。

合作与合作伙伴关系是文化遗产管理计划的重要方面。应建立与相关机构、社区和利益相关者的合作伙伴关系，共同参与文化遗产资源的保护和管理。与当地社区、民间组织、专家和学者等进行合作，共同制定并执行保护和管理计划。合作伙伴关系可以促进信息共享、资源共享和经验交流，为文化遗产的保护和管理提供更广泛的支持和参与。

法律法规和政策支持是文化遗产管理计划的重要基础。相关的法律法规和政策应制定和完善，为文化遗产资源的保护、管理提供法律依据和政策支持。法律法规的制定应包括对文化遗产资源的保护、管理和使用的规定，明确各方的权利和义务。政策支持可以包括经济激励措施、奖励和资助机制，以及对文化遗产资源的合理利用和可持续发展的政策导向。

监测和评估是文化遗产管理计划的重要环节。建立文化遗产资源的监测和评估体系，定期进行监测和评估工作。通过监测和评估，了解文化遗产资源的状态和变化趋势，发现问题并及时采取相应的措施进行调整和改进。监测和评估可以采用多种方法，包括实地考察、数据收集和分析、专家评估等，以确保文化遗产资源得到有效的保护和管理。

国际合作和交流是文化遗产管理计划的重要组成部分。加强与国际组织、其他国家和地区的合作和交流，可以获得国际经验和资源支持。与国际组织的合作可以包括共同项目、技术交流和培训等方式。通过国际交流，可以借鉴其他国家和地区的成功经验，拓宽文化遗产保护和管理的视野，为生态型露营旅游中文化遗产资源的保护和管理提供更广阔的发展机遇。

（三）文化教育和传承

当涉及生态型露营旅游中的文化遗产时，法律保护措施强调了文化教育和传承的重要性。通过组织各种文化教育和传承活动，可以提高游客对文化遗产的认知水平，增强对文化遗产的理解和欣赏，并促进文化遗产的可持续发展和保护。

一种常见的文化教育和传承活动是组织导览和解说活动。在生态型露营旅游景区或文化遗产保护区，专业的导游或解说员可以引领游客参观和了解文化遗产背后的故事、历史和意义。他们可以向游客介绍建筑物的建造历史、文化遗址的发现过程、艺术作品背后的故事等，从而帮助游客更好地理解和欣赏文化遗产的价值和意义。

另外，开展文化工作坊和传统技艺展示也是重要的文化教育和传承活动。在生态型露营旅游中，可以组织各种传统技艺的展示和体验活动，例如传统绘画、手工艺制作、传统舞蹈和音乐表演等。这些活动不仅可以向游客展示传统技艺的魅力，还可以提供亲身参与的机会，让游客亲自体验并学习传统技艺的技巧和知识。通过这种方式，游客可以深入了解和传承传统技艺，同时也促进了传统技艺的传承和发展。

此外，利用现代科技手段可以扩展文化教育和传承的方式和范围。虚拟现实、增强现实和在线平台等技术可以被应用于文化遗产的数字化和虚拟展示，使游客能够通过虚拟环境感受文化遗产的魅力和历史。通过这种方式，游客可以在不同的时间和空间中了解和体验文化遗产，进一步促进文化教育和传承的广泛参与及传播。

为了促进文化教育和传承的有效实施，相关法律法规还可以制定政策和措施。其中包括设立文化教育基金，用于资助文化遗产教育项目和活动；建立文化遗产传承的培训和认证机制，以培养传承者；支持和鼓励学校和教育机构将文化遗产纳入课程，培养学生对文化遗产的兴趣和认知；与文化遗产相关的非营利组织和社区组织进行合作，开展文化教育和传承活动；建立文化遗产保护志愿者团队，引导社区居民和游客参与文化遗产的保护和传承。

同时，法律保护措施还可以鼓励文化遗产的创新利用和可持续发展。在生态型露营旅游中，可以将文化遗产与生态旅游相结合，开展多样化的旅游活动，提供丰富的文化体验和交流机会。例如，组织文化艺术节、传统手工艺展销会、民俗表演等活动，吸引游客前来参观和体验。通过将文化遗产纳入生态旅游的规划和运营，可以实现文化遗产的保护、传承和可持续利用的双赢局面。

最后，法律保护措施还需要强调社会参与和合作。文化遗产的保护和传承是一个综合性的工作，需要政府部门、非营利组织、社区居民和游客等各方的共同努力。相关法律法规可以鼓励各方参与文化遗产保护和传承的规划、决策和实施过程，倡导公众参与和民主决策，建立多方协作的机制和平台，形成共同推动文化遗产保护和传承的合力。

生态型露营旅游中的文化遗产应得到法律保护，并通过文化教育和传承活动来提高游客对文化遗产的认知和理解。相关法律法规应制定管理计划、支持创新利用和可持续发展、加强社会参与等措施，以确保文化遗产的完整性和可持续利用。通过综合性的法律保护措施，生态型露营旅游中的文化遗产能够得到有效的保护、传承和可持续发展，为游客提供丰富的文化体验和意义深远的旅游体验。

（四）法律法规和政策支持

生态型露营旅游文化遗产的法律保护措施不仅依赖于专门的管理措施和行政管理机构，还需要相关的法律法规和政策来提供法律依据和政策支持。这些法律法规和政策旨在保护和管理文化遗产，确保其完整性、可持续利用和传承。

1. 法律法规的制定

政府部门应制定专门的法律法规，以确保文化遗产的保护和管理得到法律的保障。这些法律法规可以包括文化遗产保护法、文化遗产管理条例等，明确文化遗产的定义、保护原则、管理要求和违法行为的处罚等。法律法规的制定可以为文化遗产保护提供明确的法律依据，确保相关管理措施的合法性和有效性。

2. 政策支持和财政资金的投入

政府部门应通过政策支持和财政资金的投入，促进生态型露营旅游文化遗产的保护和发展。政策支持可以包括对文化遗产项目的优惠政策、资金支持和奖励机制等，鼓励社会资本和私人参与文化遗产的保护和开发。财政资金的投入可以用于文化遗产的修复、保护设施的建设、文化教育和传承活动的开展等，保障文化遗产保护工作的资金需求。

3. 文化遗产管理机构的建立和加强

政府部门应建立专门的文化遗产管理机构，负责文化遗产的保护、管理和监督。这些管理机构可以协调各方资源，制定保护计划、管理规划和相关政策，确保文化遗产的完整性和可持续利用。同时，加强管理机构的人员培训和能力建设，提高管理人员的专业素养和文化遗产保护的意识。

4. 文化遗产保护的宣传和推广

政府部门应加强对生态型露营旅游文化遗产保护工作的宣传和推广，增强公众对文化遗产保护的意识和重视程度。这可以通过组织文化遗产保护展览、举办文化遗产保护主题活动、制作宣传材料等方式实现。同时，政府部门还可以与相关媒体合作，通过电视、广播、互联网等渠道宣传文化遗产保护的重要性和成果，吸引更多的公众关注和参与。

5. 加强执法和监督

政府部门应加强对生态型露营旅游文化遗产保护的执法和监督力度。相关执法部门应加强巡查和检查，发现并处理违法行为。同时，建立举报机制，鼓励公众积极参与文化遗产保护的监督和举报工作。政府部门还应加强对管理机构的监督，确保其履行职责和管理文化遗产的有效性。

生态型露营旅游文化遗产的法律保护措施需要依靠相关的法律法规和政策支持。政府部门应制定专门的法律法规，加强对文化遗产的保护和管理，并通过政策支持和财政资金的投入推动文化遗产的保护和发展。此外，建立专门的文化遗产管理机构，加强宣传和推广，加强执法和监督，以及加强国际合作和交流，都是保护生态型露营旅游文化遗产的重要举措。这些措施的综合实施可以确保文化遗产的完整性、可持续利用和传承，为生态型露营旅游提供丰富的文化体验和价值。

通过以上的法律保护措施和管理实践，可以保护和传承生态型露营旅游中的文化遗产，使之得到合理的保护和可持续利用。同时，通过文化遗产的保护和传承，可以丰富生态型露营旅游的体验和内涵，提升游客的参与度和满意度。

第三节 社区参与合作管理法律法规

一、生态型露营旅游社区参与合作管理

生态型露营旅游的社区参与合作管理是促进可持续发展的重要措施。通过社区的参与和合作，可以实现生态型露营旅游活动与社区发展、环境保护和文化传承的良性互动。

（一）社区参与和共同决策

社区参与和共同决策是生态型露营旅游社区参与合作管理的重要环节。它涉及社区居民和相关利益相关者在生态型露营旅游活动的规划、设计和管理过程中的参与和决策权。

1.参与机制的建立

为了确保社区居民和利益相关者的参与，应建立适当的机制和渠道，使他们能够了解和参与生态型露营旅游活动的决策过程。这可以通过设立社区委员会、利益相关者咨询机构或专门的社区参与平台等方式实现。这些机制应确保公正、透明和可信赖，为社区居民和利益相关者提供参与的机会。

2.公众听证会

公众听证会是社区居民和利益相关者参与决策过程的重要形式之一。通过召开公众听证会，可以就生态型露营旅游活动的规划、设计和管理方案征求社区居民和利益相关者的意见和建议。听证会应具有公开、平等、充分的特点，确保参与者拥有发言权和表达自己观点的机会。

3.座谈会和研讨会

除了公众听证会，还可以组织座谈会和研讨会，就特定问题或主题与社区居民及利益相关者进行深入讨论和交流。座谈会和研讨会可以采用小组讨论、专家演讲和工作坊等形式，促进参与者之间的互动和合作，共同研究解决方案，形成共识。

4.信息公开和沟通

确保决策过程的透明和信息的公开对于社区参与和共同决策至关重要。政府部门和管理机构应向社区居民和利益相关者提供相关决策和管理信息，包括项目的规划文件、环境评估报告、管理计划等。同时，通过定期组织沟通会议、发布公告和信息公告，与社区居民和利益相关者保持沟通，及时回应他们的关切和提出的问题。

5.社区代表和利益相关者代表

为了更好地代表社区居民和利益相关者的利益及意见，可以设立社区代表或利益相关者代表机构。这些社区代表和利益相关者代表机构的设立有助于提升社区参与和共同决策的效果。这些代表机构可以由社区居民选举产生或由利益相关者推选产生，代表他们参与

生态型露营旅游活动的决策过程。

通过社区参与和共同决策，可以确保生态型露营旅游活动的规划、设计和管理更加贴近社区居民和利益相关者的需求与利益。社区参与不仅可以增加决策的合法性和可行性，还可以提高社区居民和利益相关者的归属感与责任意识，促进生态型露营旅游的可持续发展。因此，政府部门和管理机构应积极推动社区参与和共同决策的实施，确保其有效运行，并为此提供相应的法律保障和支持。

（二）资源共享与合作

生态型露营旅游的社区参与合作管理不仅侧重于社区居民在决策过程中的参与和共同决策，还可以通过资源共享与合作机制，让社区居民分享和受益于生态型露营旅游活动所带来的经济和社会效益。这种合作模式有助于提高社区居民对旅游活动的参与度和责任感，促进旅游业与社区的良性互动和共同发展。

1.经济资源共享

生态型露营旅游活动通常会带来一定的经济效益，如游客消费、住宿费用等。在资源共享与合作机制中，一部分收入可以用于社区的发展和改善基础设施，以提升社区居民的生活品质。例如，改善道路、供水、电力等基础设施，支持教育、医疗和社会福利等公共服务的提供。同时，也可以将部分收入用于社区公益事业的支持，如社区文化活动、社会福利项目等，以提升社区的整体福利水平。

2.就业机会和技能培训

生态型露营旅游活动的发展通常会带来就业机会，为社区居民提供工作岗位和收入来源。通过合作机制，可以鼓励旅游经营者与当地社区合作，提供就业机会给当地居民，尤其是年轻人和弱势群体。此外，还可以提供相关的技能培训，提升社区居民的就业能力和竞争力，促进经济社会的可持续发展。

3.文化传承和推广

生态型露营旅游活动通常涉及当地的文化遗产和传统知识。通过合作机制，可以鼓励旅游经营者与社区居民合作，保护、传承和推广本地的文化遗产。例如，可以支持当地手工艺品的制作和销售，将其纳入旅游产品供应链，提高当地手工艺品的市场价值和竞争力。同时，通过组织文化活动、工艺展示等形式，向游客介绍和推广当地的文化传统和习俗，增加游客对当地文化的了解和认同。

4.环境保护与资源可持续利用

生态型露营旅游活动的可持续性是关键，而社区参与合作管理可以有效促进环境保护和资源的可持续利用。通过合作机制，可以鼓励旅游经营者与社区居民共同管理和保护当地的自然环境和生态系统。社区居民可以发挥监督和管理的角色，确保旅游活动对环境的影响最小化，例如限制游客进入敏感生态区域、推行垃圾分类和回收、节约能源和水资源等。同时，社区居民可以共同参与资源的可持续利用，如合理开发和管理当地的自然资源，确保资源的长期可用性和可持续利益。

5.社区参与和共同决策

社区参与和共同决策是资源共享与合作的核心。通过召开公众听证会、组织座谈会和工作坊等形式，将社区居民和相关利益相关者纳入决策过程，充分听取他们的意见和建议。社区居民可以就生态型露营旅游活动的规划、设计和管理等方面提出自己的意见和需求，共同制定相关政策和措施。这种社区参与和共同决策的模式能够确保社区居民的权益和意见得到充分考虑，增强他们的参与度和责任感，促进社区与旅游业的良性互动和共同发展。

6.合作伙伴关系的建立

为了实现资源共享与合作，旅游经营者和社区居民之间需要建立稳定的合作伙伴关系。这可以通过签订合作协议、设立合作机构和建立合作框架来实现。合作伙伴关系的建立需要建立互信、互利和共赢的基础，确保双方利益的平衡和可持续发展。通过合作伙伴关系的建立，旅游经营者可以获得社区居民的支持和参与，而社区居民也可以分享旅游活动带来的经济和社会效益。

（三）文化传承与保护

生态型露营旅游的社区参与合作管理中，文化传承与保护是重要的方面。通过鼓励社区居民传承和保护本地的文化遗产与传统知识，可以增强社区居民对本地文化的认同和自豪感，增强他们对文化遗产保护的意识和参与度。

1.文化活动的组织

组织各种文化活动是促进文化传承和保护的重要手段之一。通过举办传统节日庆典、文化艺术展览、戏剧演出、音乐表演和舞蹈表演等活动，可以让社区居民亲身体验和参与到文化的传承中。这些活动不仅有助于传承和保护传统文化，也可以增强社区居民对文化的认同感，激发他们对文化遗产保护的热情。

2.传统手工艺品和技艺的展示

传统手工艺品和技艺是文化遗产的重要组成部分。通过组织手工艺品展览和技艺展示，可以展示社区的独特文化和艺术，提高社区居民对传统手工艺品和技艺的认识与尊重。同时，通过培训和传授相关技艺，可以促进传统手工艺品和技艺的传承与发展，使其焕发新的活力。

3.文化教育与培训

为了加强社区居民对文化的认知和理解，可以开展文化教育与培训活动。通过组织文化课程、讲座和工作坊，向社区居民传授本地文化的知识和技能，增强他们对文化遗产保护重要性和方法的了解。此外，可以邀请相关专家参与，分享他们的传统知识和经验，促进代际间的文化交流和传承。

4.保护本地文化特色

生态型露营旅游经营者应尊重和保护社区的文化特色。他们应该在设计和开发旅游活动时，充分考虑社区的文化特点，避免对当地文化产生负面影响。在推广旅游产品和服务时，要尊重社区的意愿和利益，确保文化遗产的正确认知和合理利用。

5.社区参与的文化保护

社区居民是文化保护的重要参与者。通过鼓励社区居民参与文化保护工作，可以加强他们对本地文化遗产的责任感和参与度。例如，组织社区居民参与文物修复和保护的志愿者活动，让他们亲身参与到文化遗产的保护过程中，提升他们对文化保护的意识和技能。此外，可以设立文化保护组织或委员会，由社区居民参与管理和决策，确保文化遗产保护工作得到持续推进。

6.社区传统知识的保护和传承

除了文化遗产，社区居民还拥有丰富的传统知识，如民间医药、农耕技术、手工艺制作等。这些传统知识也是文化遗产的重要组成部分，需要得到保护和传承。通过组织传统知识的记录、整理和传授，可以确保这些宝贵的知识得以保存和传承。社区居民可以扮演重要的角色，将他们的传统知识传授给年轻一代，促进文化的持续传承。

通过社区参与合作管理，特别是在文化传承与保护方面，生态型露营旅游可以更好地与社区融合，促进社区的发展和繁荣。社区居民的参与和合作可以增强他们对文化遗产的认同和保护意识，提升旅游活动的质量和可持续性，实现文化、经济和社会的共同发展。同时，相关的法律保护措施为社区参与合作管理提供了法律依据和支持，确保文化遗产得到适当的保护和传承。

二、生态型露营旅游社区参与合作管理的法律保障

（一）土地管理法律法规

土地管理法律法规对于生态型露营旅游社区参与合作管理提供了重要的法律保障。以下是关于土地管理法律法规的详细解释：

1.土地管理法

土地管理法是国家立法机关制定的法律，旨在规定土地的所有权、使用权和管理制度。根据土地管理法，土地所有权属于国家或集体，但土地使用权可以通过合法途径转让给个人、法人或其他组织。这为社区居民提供了参与生态型露营旅游活动的土地使用权的法律依据。

2.土地使用权法

土地使用权法是针对土地使用权的法律，具体规定了土地使用权的获取、转让、终止等事项。根据土地使用权法，社区居民可以依法获得土地使用权，从而参与生态型露营旅游的管理和合作。土地使用权的规定确保了社区居民在土地利用方面的权益和参与度。

3.土地承包法

土地承包法是为了保障农村土地承包经营的法律。根据土地承包法，农村土地可以通过承包的方式使用，承包期限一般为30年。社区居民可以通过土地承包的方式参与生态型露营旅游的经营和管理。土地承包法的规定确保了社区居民在土地经营和收益方面的

权益。

4. 农村集体经济组织章程

在一些地方，为了保护农村集体经济组织的权益和利益，制定了农村集体经济组织章程。这些章程规定了农村集体经济组织的组织结构、权力运行、决策程序等方面的事项。社区居民可以通过参与农村集体经济组织的活动，参与和管理生态型露营旅游的发展和经营。

这些法律法规提供了法律保障和规范，确保了生态型露营旅游社区参与合作管理的合法性、公正性和可持续性。政府和相关部门应加强对这些法律法规的宣传和培训，提高社区居民对法律保护的认知和理解，同时加大执法力度，确保法律的有效执行和社区居民权益的保护。此外，建立沟通渠道和协调机制，使社区居民与相关部门、生态型露营旅游经营者之间形成良好的互动和合作关系，共同推动生态型露营旅游社区参与合作管理的顺利进行。

（二）劳动法律法规

劳动法律法规是保障社区居民参与生态型露营旅游社区的合作管理过程中劳动权益的重要法律保障。

1. 劳动合同法

劳动合同法规定了劳动者与用人单位之间的劳动关系，保障劳动者的权益。在生态型露营旅游社区参与合作管理过程中，劳动合同法规定了劳动合同的签订、内容、变更、解除等方面的规定，确保社区居民与经营者之间的劳动关系合法稳定。

2. 工资支付

劳动法律法规规定了劳动者应当获得合理报酬的权利。在生态型露营旅游社区参与合作管理中，劳动者有权按照劳动合同约定获得相应的工资报酬，保障其劳动所得的合理性和稳定性。

3. 工时管理

劳动法律法规规定了劳动者的工时和休息时间的限制和安排。在生态型露营旅游社区参与合作管理中，劳动者应当按照法律规定的工时制度工作，同时享有合理的休息时间和休假权益，保障劳动者的身体健康和工作生活平衡。

4. 劳动保险

劳动法律法规规定了劳动者的社会保险和福利待遇，包括医疗保险、养老保险、失业保险等。在生态型露营旅游社区参与合作管理中，劳动者有权享受相应的劳动保险待遇，保障其在工作中的安全和健康。

5. 劳动纠纷处理

劳动法律法规提供了劳动纠纷处理的程序和机制。如果在生态型露营旅游社区参与合作管理过程中发生劳动纠纷，社区居民和经营者可以依据相关法律法规，通过协商、调解、仲裁或诉讼等方式解决纠纷，维护自身合法权益。

劳动法律法规为生态型露营旅游社区参与合作管理提供了重要的法律保障。社区居民和经营者应了解和遵守相关法律法规，共同营造良好的劳动关系，保障劳动者的权益和社区的稳定发展。通过遵守劳动法律法规，社区居民和经营者可以建立公平、和谐的劳动关系，促进社区的可持续发展和繁荣。

（三）环境保护法律法规

生态型露营旅游社区参与合作管理的法律保障中，环境保护法律法规起着至关重要的作用。这些法律法规旨在保护自然环境、生态系统和生物多样性，规范生态型露营旅游活动对环境的影响，并确保可持续发展的目标得到实现。

1.环境保护法

环境保护法是国家的基本环境法律，旨在保护和改善环境质量，防治污染和其他公害，保护生态系统和生物多样性。在生态型露营旅游社区参与合作管理中，环境保护法为保护自然环境和生态系统提供了法律依据和指导。它规定了环境影响评价、环境监测、环境污染防治、生态修复等方面的要求，促进了旅游活动的可持续发展。

2.生态保护纲要和规划

政府部门根据生态保护的需要制定生态保护纲要和规划，明确生态保护的目标、原则和措施。这些纲要和规划对于生态型露营旅游社区的参与合作管理具有指导作用。它们可以规定保护区划定和管理、生态修复和保护措施等要求，确保旅游活动与生态环境的协调发展。

3.自然保护区管理条例

自然保护区管理条例是针对自然保护区设立和管理的法律法规，旨在保护自然资源和生态系统，维护生态平衡和生物多样性。生态型露营旅游活动往往发生在自然保护区内或其周边，因此自然保护区管理条例对于社区参与合作管理具有重要意义。它规定了自然保护区的边界划定、资源利用管理、游客管理和生态修复等方面的要求，确保旅游活动对自然保护区的影响得到合理控制和管理。

4.环境影响评价制度

环境影响评价制度要求在进行重大开发项目、旅游规划和建设前进行环境影响评价，评估项目对环境的影响，提出相应的环境保护措施。在生态型露营旅游社区参与合作管理中，环境影响评价制度是保护环境的重要法律保障。根据相关法律法规，生态型露营旅游项目在开发和运营前需要进行环境影响评价，评估其对自然环境、生态系统和生物多样性的影响，并提出相应的环境保护措施。环境影响评价报告是决策的重要依据，确保生态环境不受不可逆转的破坏。评估过程涵盖的内容包括土地利用、水资源、空气质量、生物多样性等，以综合评估项目对环境的潜在影响和风险。根据评估结果，制定相应的环保措施，包括减少污染、节约能源、减少废弃物产生、保护野生动植物等，以最大程度地减少对环境的负面影响。

此外，还有其他涉及环境保护的法律法规对生态型露营旅游社区参与合作管理提供保障。例如，水资源保护法、大气污染防治法、生物多样性保护法等法律法规，都规定了对水资源、大气质量和生物多样性的保护要求，为生态型露营旅游活动提供了环境保护的法律依据和指导。这些法律法规要求加强对水资源的管理和保护，控制大气污染的排放，保护珍稀濒危物种和重要生态系统的完整性。

总的来说，生态型露营旅游社区参与合作管理的法律保障主要包括土地管理法律法规、乡村振兴相关政策、劳动法律法规和环境保护法律法规等。这些法律法规和政策为社区参与合作管理提供了法律依据和政策支持，确保社区居民和相关利益相关者的权益得到保障，同时也保障了生态环境的可持续发展。

（四）社区自治条例

社区自治条例是一种地方性法规，旨在规范和管理社区内的事务，包括社区居民的行为、权益、责任和自治机构的建立和运作等。对于生态型露营旅游社区参与合作管理，社区自治条例可以提供法律保障和指导，确保社区居民的权益得到充分尊重和保护，同时促进社区居民的参与和合作。

1.管理组织和机构的设立

社区自治条例可以规定社区管理组织和机构的设立与运作方式。例如，可以设立社区委员会或社区管理委员会，由社区居民选举产生，负责制定管理规章制度、协调社区事务、促进社区居民参与等。这样的组织和机构可以为生态型露营旅游社区提供一个共同参与和合作的平台，协调社区内的各项事务。

社区委员会或社区管理委员会。社区自治条例可以规定设立社区委员会或社区管理委员会，由社区居民选举产生。这样的委员会可以作为社区居民参与决策和管理的代表机构，负责协调社区内的各项事务。委员会的成员可以包括社区居民代表、企事业单位代表、社会组织代表等，以确保各方利益的平衡和综合考虑。

组织架构和职责分工。社区自治条例可以规定社区管理组织的组织架构和职责分工。例如，设立主席、副主席和秘书等职位，明确各职位的职责和权限。管理组织可以负责制定社区规章制度、管理社区设施、处理社区事务、促进社区居民参与等。通过明确的职责分工，可以提高社区管理的效率和透明度。

选举和任期。社区自治条例可以规定社区管理组织成员的选举方式和任期。选举可以通过居民大会或代表大会进行，确保选举过程的公正和民主。任期的设定可以根据实际情况，一般为一定的时间周期，以保证管理组织的连续性和稳定性。同时，条例还可以规定成员的资格条件和任职要求，确保管理组织成员的素质和能力。

协调社区事务。管理组织可以负责协调社区内的各项事务，包括生态型露营旅游的规划和管理、环境保护、基础设施建设、社区服务等。通过有效的协调机制，可以提高社区内各利益相关者之间的沟通和合作，解决问题和纠纷，推动社区的可持续发展。

促进社区居民参与。管理组织可以通过各种方式促进社区居民的参与，如开展社区议事会、举办社区活动和培训等。这样可以增强居民对社区事务的参与意识和主动性，使社区管理更加民主、透明和有效。

监督和违规处罚措施。社区自治条例可以规定管理组织对社区居民的监督和违规处罚措施。监督机制可以包括定期审查管理组织的工作报告和财务状况，组织居民评议和监督。对于违反社区规章制度和管理要求的行为，管理组织可以采取相应的处罚措施，如警告、罚款或暂停权益等，以确保社区秩序和居民权益的维护。

资金管理和透明度。社区自治条例可以规定管理组织对社区资金的管理和使用。这包括社区财务的透明度和公开，确保资金的合理使用和效益最大化。管理组织应定期向社区居民公布财务报表和项目执行情况，接受居民的监督和审查。

社区参与机制的建立。社区自治条例可以规定建立社区参与机制，鼓励社区居民积极参与社区管理和决策。这可以包括设立居民代表会议、居民议事会或设立专门的工作小组，让社区居民有机会表达意见和参与决策。同时，条例还可以规定对居民参与的鼓励和奖励措施，激发社区居民的积极性和参与度。

法律责任和争议解决机制。社区自治条例可以规定管理组织的法律责任和争议解决机制。对于管理组织违反法律法规和条例的行为，条例可以明确相应的法律责任和追究措施。同时，条例还可以规定社区居民对管理组织决策和行为的申诉和投诉渠道，确保居民的合法权益得到保障和维护。

通过社区自治条例的制定和执行，可以建立一个有效的社区管理机制，促进社区居民参与和合作，提高生态型露营旅游社区的整体管理水平和居民的获得感。这样的法律保障确保了社区自治的原则得到落实，为社区参与合作管理提供了明确的法律框架和规范。

2.社区居民的权益保障

社区自治条例可以明确规定社区居民的权益和利益保障措施。例如，规定居民的住房权、安全权、环境权等，以及对社区居民合法权益的保护和救济机制。这样可以确保社区居民在生态型露营旅游社区参与合作管理中的合法权益得到保障，增强居民的参与和合作意愿。

住房全保障。社区自治条例可以规定居民的住房权，包括住房的质量、使用权、产权等方面的保护。条例可以要求社区管理者提供安全、卫生和适宜居住的住房条件，禁止违法强拆和非法侵占居民住房。同时，条例还可以规定居民对住房的维修和改善有相应的权利和义务。

安全权保障。社区自治条例可以明确居民的人身安全权和财产安全权。条例可以要求社区管理者采取安全措施，防范和应对突发事件，确保社区居民的人身安全和财产安全。例如，设置安全设施、加强巡逻和监控等措施，保障社区的安全环境。

环境权保障。社区自治条例可以规定居民的环境权，包括居住环境的质量、环境保护和生态保育等方面的保护。条例可以要求社区管理者采取措施保护社区的自然环境，防止环境污染和生态破坏。同时，条例还可以规定居民对环境保护的义务，鼓励居民参与环境保护行动。

合法权益保护。社区自治条例可以明确居民的合法权益，包括言论自由、参与决策、申诉和救济等方面的保护。条例可以规定居民有权参与社区事务的讨论和决策，表达意见和建议。同时，条例还可以规定居民对管理组织的决策和行为有申诉和救济的权利，确保居民的合法权益得到保护和维护。

参与合作权保障。社区自治条例可以明确居民参与合作管理的权利和义务。条例可以规定居民有权参与社区事务的讨论、决策和管理，以及与社区管理者进行合作和协商。条例还可以要求社区管理者提供信息透明和公开，鼓励居民积极参与社区活动和项目的策划、实施和监督。

社会保障权保障。社区自治条例可以规定居民的社会保障权益，包括医疗保健、社会福利和社会保险等方面的保护。条例可以要求社区管理者提供基本的医疗卫生服务和社会福利设施，确保居民享有基本的社会保障。同时，条例还可以规定居民对社会保障的义务，如缴纳社会保险费等。

社区决策权保障。社区自治条例可以明确居民的社区决策权，即居民有权参与和决定与生态型露营旅游相关的事务和项目。条例可以规定居民参与决策的程序和机制，如召开居民大会、设立居民代表等。通过社区决策的方式，居民可以对社区事务发表意见和建议，共同制定规划和管理措施，确保居民的权益和利益得到充分考虑。

社区自治条例为生态型露营旅游社区居民的权益保障提供了法律保障。通过明确规定居民的住房权、安全权、环境权、合法权益、教育和文化权、参与合作权、社会保障权以及社区决策权等方面的保护措施，可以促进社区居民的参与和合作意愿，营造和谐稳定的社区环境，实现生态型露营旅游社区的可持续发展。同时，相关部门和社区管理者也应加强对社区自治条例的宣传和执行，确保其有效实施，并提供必要的支持和协助，保障社区居民的权益和利益得到充分保护。

3.社区决策和参与机制

社区自治条例可以规定社区决策和参与机制，促进社区居民的参与和合作。例如，规定居民参与决策的程序、机构和方式，鼓励居民提出意见和建议，并参与决策的过程。这样可以确保社区居民的参与度，使其能够积极参与到生态型露营旅游社区的管理和发展中。

决策程序。社区自治条例可以规定社区决策的程序和流程，例如召开居民大会、设立居民代表会议等。条例可以明确决策的议题范围和程序，确保决策的合法性和民主性。

决策机构。条例可以设立相应的决策机构，如居民委员会、居民代表会议等。这些机构由社区居民选举产生，代表居民的利益，负责居民参与和合作管理的事务。

参与渠道。条例可以规定多种参与渠道，鼓励社区居民通过各种方式参与决策和管理。例如，可以设立投诉箱、意见箱，开展居民听证会、座谈会等形式，使居民能够自由表达意见和建议。

决策范围。条例可以明确社区决策的范围和内容，包括社区规划、项目投资、资源利用、环境保护等方面。社区居民可以参与对这些重要事务的讨论、决策和监督，确保决策的合理性和公正性。

信息公开。条例可以要求社区管理者提供信息公开的机制，及时向居民提供相关决策和管理的信息。这样可以增加居民对决策的了解和参与度，促进透明和民主的决策过程。

参与激励。条例可以设立参与激励机制，鼓励居民积极参与社区事务和管理工作。例如，可以设立奖励制度、表彰先进个人和团体，提供培训机会和参与决策的权益保障，激发居民的积极性和创造力。

通过制定社区自治条例中的社区决策和参与机制，可以确保社区居民在生态型露营旅游社区的管理和发展中享有平等的决策权和参与权。这样的法律保障将促进社区居民的参与度和合作精神，提高社区的管理效能和发展质量。同时，相关部门和社区管理者应积极宣传和执行社区自治条例，加强对居民的培训和引导，营造良好的参与和合作氛围。此外，监督和评估机制也应建立起来，确保社区自治条例的有效执行和居民参与的实质性成果。

4.社区规章制度的制定和执行

社区自治条例可以规定社区规章制度的制定和执行，包括社区的秩序、管理规范、环境保护、安全保障等方面的规定。通过社区规章制度的制定和执行，可以维护社区的正常秩序和良好环境，增进社区居民的安全和福祉。

制定社区规章制度。社区自治条例可以规定制定社区规章制度的程序和原则。社区居民可以通过居民大会、社区委员会或其他参与机制，就社区管理、环境保护、安全保障等方面提出建议和意见，协商制定适用于社区的规章制度。制定规章制度的过程应充分考虑社区居民的意愿和利益，确保公正、公平和民主的决策过程。

社区规章制度的内容。社区规章制度可以涵盖多个方面，如社区的秩序管理、居民行为规范、环境保护措施、安全管理、设施维护等。具体规定可以包括禁止破坏公共设施、保持社区卫生、限制噪声污染、禁止违法行为等。制定规章制度时应结合社区的实际情况和特点，合理平衡各方利益，确保规章制度的可执行性和可操作性。

规章制度的宣传和培训。制定好的规章制度需要得到社区居民的认知和遵守。相关部门和社区管理者应积极宣传规章制度，向居民进行培训和解释，提高居民对规章制度的理解和遵守意识。可以通过社区公告栏、社区广播、宣传册等方式向居民传达规章制度的内容和重要性。同时，可以定期组织培训活动，提高居民的法律意识和规章制度的执行能力。

规章制度的执行和监督。社区管理者应确保规章制度的执行和监督。他们可以制定相应的执行细则和操作规程，明确规章制度的具体实施方式和责任主体。社区居民也可以通过居民委员会、投诉举报渠道等途径对规章制度的执行进行监督和举报。应建立有效的反馈机制，及时处理居民的反馈意见和投诉，保障规章制度的执行效果和公平性。

社区自治条例的制定和执行为社区规章制度的制定和执行提供了法律保障。通过合理的制定程序、广泛征求居民意见、透明公开的决策过程，确保规章制度的制定充分反映社区居民的需求和利益。

5.社区争议解决机制

社区自治条例可以设立社区争议解决机制，用于解决社区居民之间或居民与管理机构之间的争议。这些机制可以包括调解、仲裁和诉讼等方式，确保争议能够得到公正、快速和有效的解决。对于生态型露营旅游社区参与合作管理，社区争议解决机制可以帮助处理涉及生态资源利用、经济利益分配、环境影响等方面的纠纷，促进社区居民之间的和谐与合作。

调解机制。社区自治条例可以设立调解机制，通过调解员的介入协助双方当事人达成和解。调解是一种灵活、快速且低成本的解决争议方式，可以有效缓解矛盾、减少社区分裂，并促进合作和协调。调解机制可以鼓励社区居民和管理机构之间的争议通过协商、沟通和妥协的方式解决，旨在实现双方的利益最大化和和解达成。

仲裁机制。社区自治条例可以设立仲裁机制，通过仲裁员或仲裁机构对争议进行公正、中立的裁决。仲裁是一种法律约束力强的争议解决方式，当事人可以选择由专业的仲裁员或仲裁机构对争议进行裁决，仲裁结果具有强制执行力。社区居民和管理机构可以在仲裁程序中提供证据、陈述意见，并接受裁决结果，确保争议的公正解决。

诉讼机制。社区自治条例可以规定适用于社区争议解决的诉讼程序。当事人可以选择将争议提交给法院进行审理和裁决。诉讼是一种通过法律程序解决争议的方式，法院将根据法律规定和事实证据作出裁决。社区居民和管理机构可以依法起诉或被起诉，通过诉讼程序维护自身权益，确保争议的公正和法律效力。

社区争议解决机制的设立需要明确规定相关程序、条件和机构，以确保其公正性、高效性和可操作性。同时，社区居民和管理机构需要了解和遵守社区自治条例中关于争议解决的规定，积极参与解决争议的过程，为社区的和谐与合作作出贡献。

需要指出的是，社区争议解决机制应当注重平衡各方利益，注重调解和协商解决，尽量避免长期诉讼和冲突升级。同时，相关的法律法规和政策也应为社区争议解决提供支持和保障，确保社区居民和管理机构在争议解决过程中的权益得到充分保护。政府和相关部门可以通过宣传、培训和指导等方式，提升社区居民对争议解决机制的认知和信任，鼓励他们积极利用该机制解决争议。

此外，为了确保社区争议解决机制的有效运作，还需要建立监督和评估机制。监督机构可以对社区争议解决机制的执行情况进行监督，确保机制的公正性和有效性。评估机制可以定期评估社区争议解决机制的效果和改进空间，为制定和完善相关法律法规和政策提供依据。

总之，通过社区自治条例的设立，为生态型露营旅游社区参与合作管理提供了社区争议解决的法律保障。调解、仲裁和诉讼等争议解决机制的设立，能够促进社区居民之间和居民与管理机构之间的和谐合作，维护社区稳定发展。社区居民和管理机构应共同遵守相关规定，积极参与争议解决过程，为社区的繁荣和发展作出积极贡献。

社区自治条例为生态型露营旅游社区参与合作管理提供了重要的法律保障。通过规定社区组织、居民权益、决策机制、规章制度、争议解决和违规处罚等方面的规定，社区自治条例确保了社区居民的权益和参与度，促进了社区的和谐与合作。政府部门应加强对社区自治条例的宣传和培训，推动其有效实施，从而促进生态型露营旅游社区的可持续发展和管理。

第六章　生态型露营旅游执法与监管机制

第一节　执法机构与职责分工

生态型露营旅游的执法机构涉及多个部门和机构，各自承担不同的职责和分工，共同保障生态型露营旅游活动的合规运营和可持续发展。

一、地方环保部门

地方环保部门是生态型露营旅游中重要的执法机构之一。他们负责监督和管理生态型露营旅游活动对环境的影响。他们可以进行环境监测和评估，确保生态型露营地点的环境质量符合标准。如果发现环境违法行为，他们有权采取相应的处罚措施，包括罚款、责令停工等。此外，他们还负责推动环境保护宣传和教育活动，提高生态型露营旅游从业者和游客的环境保护意识。

（一）环境监测和评估

地方环保部门负责对生态型露营地点进行环境监测和评估。他们通过采集和分析空气、水质、土壤等环境指标的数据，评估生态型露营活动对环境的影响程度。他们会使用先进的监测设备和技术，确保监测结果准确可靠。

（二）环境质量管理

地方环保部门监督和管理生态型露营地点的环境质量。他们根据环境质量标准和相关法规，对生态型露营地点的环境状况进行评估和监控。如果发现环境污染、噪声扰民等问题，他们有权要求相关责任方采取措施予以整改，确保环境质量达到规定的标准。

（三）环境保护措施和标准制定

地方环保部门制定生态型露营旅游活动中的环境保护措施和标准。他们根据当地环境特点和法规要求，制定针对生态型露营活动的环保要求和操作规范。例如，限制噪声、污染物排放要求、环境保护设施要求等，确保生态型露营活动与环境协调发展。

（四）违法行为处罚和监督

地方环保部门有权对发现的环境违法行为进行处罚和监督。如果发现生态型露营活动中存在环境污染、违规排放等违法行为，他们可以依法采取相应的处罚措施，如罚款、责令停工等。他们还会进行定期或不定期的监督检查，确保生态型露营地点的环境符合规定。

（五）环境宣传和教育

地方环保部门开展环境宣传和教育活动，提高生态型露营从业者和游客的环境保护意识。他们会组织环境保护培训、举办宣传活动、发布环境保护知识等，引导生态型露营活动的从业者和游客养成环保习惯和行为，减少对环境的负面影响。

总的来说，地方环保部门在生态型露营旅游中承担着重要的执法职责，旨在保护和维护生态环境的可持续发展。他们通过监督、管理、处罚和宣传等多种手段，确保生态型露营活动对环境的影响最小化，促进生态旅游的可持续发展。同时，他们也与其他相关部门和社区居民密切合作，共同推动生态型露营旅游的良好运营和管理。

二、地方旅游部门

地方旅游部门是生态型露营旅游的管理和监督机构。他们负责制定和实施旅游管理规定，监督和管理生态型露营旅游活动的运营和管理。他们可以审核和颁发经营许可证，确保经营者合法合规。如果发现违规行为，如未经许可的经营、虚假宣传等，他们有权采取相应的处罚措施，包括撤销许可证、罚款等。此外，他们还负责推动旅游质量和服务水平的提升，保障游客的权益和安全。

（一）制定旅游管理规定

地方旅游部门负责制定适用于生态型露营旅游的管理规定和政策。他们通过制定细则和规范，明确生态型露营活动的运营标准、经营行为、安全要求等方面的要求，为经营者和从业人员提供指导和规范。

（二）经营许可审核和颁发

地方旅游部门负责对生态型露营旅游经营者的许可申请进行审核。他们会对经营者的资质、场地条件、安全设施等进行评估，确保经营者符合相关的要求。对于合格的经营者，地方旅游部门会颁发经营许可证，允许其开展生态型露营旅游活动。

（三）监督和管理经营行为

地方旅游部门负责监督和管理生态型露营旅游活动的经营行为。他们会定期或不定期进行现场检查，确保经营者按照许可条件和管理规定开展活动。如果发现违规行为，如未经许可的经营、超范围经营、虚假宣传等，地方旅游部门有权采取相应的处罚措施，包括责令停业、罚款、撤销许可证等。

（四）旅游质量监督和服务提升

地方旅游部门负责监督和提升生态型露营旅游的质量和服务水平。他们会推动经营者提升服务品质，鼓励投资和技术创新，提供更好的旅游体验。同时，地方旅游部门会收集游客的反馈和投诉，并及时处理，保障游客的权益和安全。

（五）旅游宣传和促进

地方旅游部门负责推广和宣传生态型露营旅游的特色和优势。他们会开展旅游宣传活动，参与旅游展览和推广活动，提高生态型露营旅游的知名度和吸引力。此外，地方旅游部门还会促进相关合作，推动生态型露营旅游与其他旅游资源的联动发展，实现全域旅游的目标。

地方旅游部门在生态型露营旅游中发挥着关键作用，通过规范和监管生态型露营旅游活动，确保其合规运营和可持续发展。他们在制定管理规定方面，要考虑到生态型露营的特点和环境保护的要求，确保活动的可持续性。在经营许可审核和颁发方面，他们要严格审查申请者的资质和设施条件，确保经营者具备经营能力和提供安全、优质服务的能力。监督和管理经营行为的任务则包括定期检查和现场监督，发现问题及时采取措施，确保经营者按照规定进行经营，并惩罚违规行为。他们还要注重旅游质量监督和服务提升，通过鼓励经营者提升服务质量、加强培训和技术支持，提高游客的满意度和体验感。同时，地方旅游部门还要承担旅游宣传和促进的责任，通过推广和宣传生态型露营旅游的特色和优势，吸引更多的游客，促进地方旅游经济的发展。综上所述，地方旅游部门在生态型露营旅游中的职责分工十分重要，通过规范、监管和推动，为生态型露营旅游的健康发展提供支持和保障。

三、建设部门

建设部门是负责规划、建设和管理生态型露营地点的机构。他们负责审批和监督生态型露营地点的规划和建设，确保其符合相关的建设标准和规定。他们会审核和批准土地使用、建筑设计等相关申请，并进行现场检查和验收。如果发现违规建设或未经批准的建设行为，他们有权采取相应的处罚措施，包括停工、拆除等。此外，他们还负责推动生态型露营地点的维护和管理，确保设施的安全和完好。

（一）规划审批和监督

建设部门负责审批和监督生态型露营地点的规划和建设。他们会审核和批准相关申请，包括土地使用、建筑设计、基础设施建设等。通过审批程序，建设部门确保生态型露营地点的规划符合城市规划和环保要求，能够满足生态型露营旅游的需求。

（二）现场检查和验收

建设部门会进行现场检查和验收，确保生态型露营地点的建设符合规划和设计要求。他们会检查建筑物的结构安全、用地合规性、设施设备的完备性等方面，确保生态型露营地点的安全和功能正常。

（三）违规处罚和整改

如果发现生态型露营地点存在违规建设或未经批准的建设行为，建设部门有权采取相应的处罚措施。这包括责令停工、限期整改、罚款等措施，以确保生态型露营地点符合法律法规和相关标准。

（四）设施维护和管理

建设部门负责推动生态型露营地点的设施维护和管理工作。他们会与相关单位合作，确保设施的正常运行和维护。这包括设备维修、环境卫生管理、安全防护设施的维护等，以保障游客的安全和舒适。

（五）推动可持续发展

建设部门在生态型露营旅游中也承担推动可持续发展的责任。他们会鼓励生态型露营地点采用绿色建筑和环保设施，推广可再生能源利用和节能减排措施，促进资源的有效利用和环境的保护。

（六）与其他执法部门协作

建设部门还需要与其他执法部门进行协作，共同监管和管理生态型露营旅游活动。他们与地方环保部门、旅游部门等进行信息共享、案件协作等，形成联动机制，共同维护生态型露营旅游的合规和可持续发展。

建设部门在生态型露营旅游中负责规划、建设和管理生态型露营地点，确保其合规运营和可持续发展。他们的职责包括规划审批和监督、现场检查和验收、违规处罚和整改、设施维护和管理、推动可持续发展以及与其他执法部门协作。通过这些职责分工，建设部门能够确保生态型露营地点的规划合理、建设符合要求，设施完善并得到有效维护，从而提供安全、舒适和可持续的露营环境。与其他执法部门的协作也能够加大监管和管理力度，维护生态型露营旅游的合规性和可持续发展。

四、文化遗产部门

文化遗产部门负责生态型露营旅游涉及的文化遗产资源的保护和管理。他们负责制定文化遗产保护措施和管理措施，以确保生态型露营旅游活动不对文化遗产造成破坏或负面影响。他们会制定相关的规定和标准，指导生态型露营地点对文化遗产资源的合理利用和保护。如果发现文化遗产受到损害或违规利用，他们有权采取相应的处罚措施，包括责令停止行为、修复损害等。此外，他们还负责开展文化遗产宣传和教育活动，提高生态型露营旅游从业者和游客对文化遗产保护的意识和重视程度。

（一）文化遗产保护规定制定

文化遗产部门负责制定适用于生态型露营旅游的文化遗产保护规定和管理措施。他们会根据具体的文化遗产资源特点和保护需求，制定相关的规定和标准，以确保生态型露营旅游活动对文化遗产的保护和合理利用。

（二）文化遗产资源保护与管理

文化遗产部门负责对生态型露营旅游涉及的文化遗产资源进行保护和管理。他们会开展文化遗产资源调查和登记工作，确定具体的保护范围和保护措施。他们还会与生态型露营地点的管理者合作，确保在旅游活动中不对文化遗产造成破坏或负面影响。

（三）文化遗产利用与合规监管

文化遗产部门负责指导生态型露营地点对文化遗产资源的合理利用。他们会提供专业意见和指导，确保生态型露营旅游活动在利用文化遗产资源时遵守相关规定和标准。如果发现违规行为，如未经许可的利用、破坏性的开发等，文化遗产部门有权采取相应的处罚措施，要求停止违规行为并恢复原状。

（四）文化遗产宣传与教育

文化遗产部门负责开展文化遗产的宣传和教育活动。他们会组织文化遗产解说员培训，提供专业知识和技能，以向生态型露营旅游从业者和游客传递文化遗产的价值和意义。通过宣传和教育，文化遗产部门努力增强人们对文化遗产保护的意识和重视程度，促进生态型露营旅游与文化遗产的和谐发展。

（五）与其他执法部门协作

文化遗产部门需要与其他执法部门进行协作，共同保护和管理生态型露营旅游中的文化遗产资源。他们会与地方旅游部门、建设部门等进行信息共享、案件协作等，形成联动机制，共同维护生态型露营旅游的合规性，保护文化遗产。

文化遗产部门在生态型露营旅游中扮演着重要的角色。他们通过制定保护规定和管理措施，确保生态型露营旅游活动对文化遗产资源的保护和合理利用。他们负责开展文化遗产资源的调查和登记工作，确定保护范围和措施，并与生态型露营地点的管理者合作，确保文化遗产不受破坏或负面影响。此外，文化遗产部门还提供指导和监管，确保生态型露营地点在利用文化遗产资源时合规运营。他们负责推动文化遗产宣传和教育活动，提高从业者和游客对文化遗产保护的意识和重视程度。同时，文化遗产部门与其他执法部门协作，共同维护生态型露营旅游的合规性，保护文化遗产。他们的工作对于实现生态型露营旅游与文化遗产的和谐发展至关重要。

五、农业部门

农业部门在生态型露营旅游中扮演重要角色，特别是在农村地区。他们负责监管和管理生态型露营旅游涉及的农业资源利用和农产品销售等。他们会制定相关的农业管理规定，指导农村地区的农业发展和农产品质量控制。如果发现违规行为，如非法使用农业资源、销售不合格农产品等，他们有权采取相应的处罚措施，保障农业资源的合理利用和农产品的质量安全。

（一）农业资源管理

农业部门负责监管和管理生态型露营旅游涉及的农业资源利用。他们会制定农业资源管理规定，包括土地利用规划、农业生产方式、农业生态保护等方面的要求。通过对农业资源的合理规划和管理，农业部门确保生态型露营地点在农业资源利用上符合规定，并促进农业的可持续发展。

（二）农产品质量控制

农业部门负责指导和监督生态型露营地点涉及的农产品生产和销售。他们会制定农产品质量控制标准和管理要求，包括农产品质量检测、食品安全控制、农药残留限量等方面的规定。农业部门会开展农产品抽检和监测工作，确保生态型露营地点销售的农产品符合相关质量和安全标准。

（三）违规处罚和监督

如果发现生态型露营地点存在违规行为，如非法使用农业资源、销售不合格农产品等，农业部门有权采取相应的处罚措施。他们可以对违规经营者进行警告、罚款、责令停产等处理，以保障农业资源的合理利用和农产品的质量安全。

（四）农业技术支持与培训

农业部门为生态型露营地点提供农业技术支持和培训。他们会向经营者提供农业生产技术、种植养殖技术等方面的指导，促进农业生产的科学化和高效化。通过培训和技术支持，农业部门帮助经营者提升农产品质量和农业生产效益，推动农业与生态型露营旅游的有机结合。

（五）农村旅游发展推进

农业部门也承担着推动农村旅游发展的职责。他们会鼓励生态型露营地点与农村旅游相结合，推动农产品销售、乡村体验等元素的融入旅游产品和服务中，促进农村经济的发展和农民收入的增加。农业部门与旅游部门、地方政府等部门进行合作，共同推动农村旅游发展。他们会协商制定农村旅游发展规划和政策，探索农村旅游资源的开发和利用方式，促进农村旅游产业的发展，提升农村地区的吸引力和竞争力。

（六）农业文化传承与展示

农业部门也负责农业文化的传承与展示工作。他们会推动生态型露营地点与当地农业文化的融合，通过农业文化节庆、农耕体验活动等形式，展示农业文化的魅力和特色。这有助于增强游客对农业文化的了解和认同，促进农业文化的传承和发展。

（七）农业生态环境保护

农业部门在生态型露营旅游中也承担着农业生态环境保护的责任。他们会推动生态型露营地点采用生态友好的农业生产方式，鼓励有机农业、生态农业等模式的发展，减少农药和化肥的使用，维护农田生态环境的健康和稳定。

（八）农村旅游信息共享

农业部门与其他执法部门和管理部门之间需要加强信息共享和沟通。他们会共同建立信息交流平台，定期交流农村旅游的发展动态、问题和经验，共同解决农村旅游中的挑战和难题。通过信息共享，农业部门与其他部门能够形成合力，提升农村旅游的整体运营和管理水平。

农业部门在生态型露营旅游中负责监管和管理农业资源利用及农产品销售，推动农业与旅游的融合发展,保障农业资源的合理利用和农产品的质量安全。他们与其他部门合作,共同推动农村旅游的发展,实现农业可持续发展和农村经济的繁荣。

上述执法机构之间需要加强协作与沟通,形成联动机制,共同保障生态型露营旅游活动的合规运营和可持续发展。可以通过定期开展联席会议、信息共享、联合执法行动等方式,加强合作与协调,共同应对生态型露营旅游活动中的执法难题和挑战,确保社区居民和游客的权益得到充分保护,同时实现生态型露营旅游的可持续发展目标。

第二节　监督与处罚措施法律法规

生态型露营旅游监督与处罚是保障生态型露营旅游活动合规运营和可持续发展的重要环节。

一、监督机制

(一)定期检查和评估

相关执法机构会定期对生态型露营地点进行检查和评估,确保其符合规划和建设要求,以及相关法律法规的要求。这些检查可能包括现场检查、文件审核、数据收集等,以评估其合规性和环境影响。

1. 检查计划制定

执法机构会制定年度或季度的检查计划,确定需要检查的生态型露营地点和检查重点。计划制定过程中,会考虑地理位置、环境敏感性、投诉举报情况、违规记录等因素,优先选择风险较高的地点进行检查。

2. 现场检查

执法人员会前往生态型露营地点进行现场检查,核实相关许可证和文件的合法性,检查设施设备的安全性和完整性,评估场地的环境状况,以及经营者是否遵守相关规定和标准。现场检查中,执法人员可能会与经营者和工作人员进行交流,了解经营情况和存在的问题。

3. 文件审核

除了现场检查,执法机构还会进行文件审核。他们会要求生态型露营地点提供相关的许可证、申报文件、经营记录等,以核实文件的合法性和真实性。文件审核可帮助发现可能存在的违规行为,如虚假宣传、超范围经营等。

4. 数据收集和分析

执法机构会收集相关的数据,包括生态型露营地点的游客数量、环境监测数据、投诉举报情况等。通过对数据的收集和分析,执法机构可以了解生态型露营活动的运行状况、环境影响以及违规情况。数据收集可以通过在线平台、定期报告、监测系统等方式进行。

5.评估报告编制

基于现场检查、文件审核和数据分析的结果，执法机构会编制评估报告。报告会详细记录每个生态型露营地点的合规性和存在的问题，并给出相应的建议和整改要求。评估报告还可以与生态型露营地点的历史数据进行对比，评估其改进和进展情况。

6.整改要求和跟进

执法机构会向经营者提出具体的整改要求和指导意见，要求其在一定期限内进行必要的整改措施。整改要求可能涉及设施安全改善、环境保护措施加强、违规行为纠正等方面。同时，执法机构会设定整改的时间节点，并与经营者进行跟进，确保整改工作的有效执行。

通过定期检查和评估，执法机构能够全面了解生态型露营旅游的运行状况和问题，及时发现和纠正违规行为，推动行业的规范发展和可持续保护。同时，定期检查也可以提高经营者和从业人员的合规意识，促进他们主动履行责任，确保生态型露营旅游活动的合规性和质量安全。

（二）随机抽查和举报投诉

执法机构可能进行随机抽查，对生态型露营地点和经营者进行突击检查，以发现潜在的违规行为。此外，执法机构会积极处理公众的举报投诉，对涉及违规行为的地点和经营者进行调查和处理。

1.随机抽查目的

随机抽查的目的是增加执法机构对生态型露营旅游活动的监督力度，提高违规行为的被发现的概率。通过随机抽查，执法机构能够扩大监督范围，确保所有生态型露营地点和经营者都有可能接受检查，避免出现遗漏和偏袒现象。

2.抽查方式和频率

随机抽查可以采取多种方式，包括抽取特定地区或特定类型的生态型露营地点进行检查。抽查的频率可以根据情况和资源分配进行调整，旨在实现全面覆盖和公平公正的监管。

3.检查内容

随机抽查涉及的检查内容可以涵盖多个方面，包括但不限于以下内容：第一，设施和设备的合规性。检查生态型露营地点的设施和设备是否符合相关规定和标准，如建筑安全、卫生设施、供水供电等。第二，环境保护和生态影响。检查生态型露营活动对环境的影响，包括噪声污染、废物处理、生态资源保护等方面。第三，安全管理。检查生态型露营地点的安全管理措施，如防火安全、紧急救援设施、安全警示标识等。第四，服务质量和宣传合规。检查经营者的服务质量和宣传是否合规，如宣传内容是否真实准确、旅游服务质量是否达标等。

处理方式和结果：如果在随机抽查中发现违规行为，执法机构将根据违规行为的性质和严重程度采取相应的处理方式。处理方式可能包括警告、罚款、责令整改、停业整顿等措施。处理结果将被记录，并通知相关的经营者，以便他们采取纠正措施并改善经营管理。

举报投诉是另一个重要的监督机制，公众可以通过举报投诉来揭发和举报生态型露营旅游活动中的违规行为。执法机构会积极处理公众的举报投诉，并对涉及违规行为的地点和经营者进行调查和处理。

（三）数据监测和分析

执法机构可能通过监测和分析相关数据，了解生态型露营旅游活动的运行状况和潜在问题。这些数据可能涵盖游客数量、环境监测数据、投诉举报数据等，有助于及时发现问题并采取相应措施。

1. 监测数据的收集

执法机构通过建立数据收集系统，定期收集和记录与生态型露营旅游相关的数据。这些数据可能包括但不限于以下方面：第一，游客数量和流量。监测生态型露营地点的游客数量和流量，了解其使用情况和变化趋势。第二，环境监测数据。监测生态型露营地点的环境质量，包括空气质量、水质状况、噪声水平等。第三，安全监测数据。监测生态型露营地点的安全情况，包括事故记录、突发事件等。第四，投诉举报数据。记录公众的投诉举报情况，了解可能存在的违规行为和问题。

2. 数据分析和评估

执法机构对收集的数据进行分析和评估，以获取有关生态型露营旅游活动的全面信息。数据分析可以包括但不限于以下方面：第一，运行状况评估。通过分析游客数量、流量和环境监测数据等，评估生态型露营地点的运行状况和负荷情况。第二，风险识别和预警。通过分析安全监测数据和投诉举报数据，识别潜在的安全风险和问题，并进行预警和警示。第三，违规行为检测。通过分析投诉举报数据和其他监测数据，检测可能存在的违规行为，如虚假宣传、环境破坏等。第四，制定监管策略。基于数据分析和评估结果，执法机构可以制定相应的监管策略和措施。根据数据分析的结果，确定需要加强监督的重点区域和重点问题，制定针对性的监管方案。第五，监管反馈和改进措施。数据监测和分析结果也可以为生态型露营地点和经营者提供反馈信息。执法机构可以将监测数据的分析结果和评估结论反馈给相关当事人，提醒他们存在的问题和违规行为，并提供改进措施和建议。这可以通过会议、通知书、报告等形式进行沟通和交流。根据数据监测和分析的结果，执法机构可以向生态型露营地点和经营者提供具体的改进建议，包括改善设施设备、加强环境保护、提升安全管理水平等方面。

数据监测和分析在生态型露营旅游监督与处罚中起着重要的作用。通过收集、分析和评估相关数据，执法机构能够全面了解生态型露营旅游活动的运行情况，及时发现问题和风险，并采取相应的监管和处罚措施，以确保生态型露营旅游的合规性和可持续发展。

二、处罚机制

（一）警告和责令整改

警告和责令整改是生态型露营旅游监督与处罚中常见的处罚措施，针对违反规定的轻微违法行为，执法机构会先进行警告，并要求相关经营者立即整改，消除违法行为。这一处罚机制旨在通过提醒和教育，引导经营者依法经营，并及时纠正违法行为，确保生态型露营旅游的合规性和可持续发展。

1.警告的作用

提醒和警示。警告是对经营者的一种提醒和警示，使其意识到自己的违法行为，意识到可能引发的法律后果，并且激发其依法经营的自觉性。

教育和引导。通过警告，执法机构可以向经营者传达相关法律法规和规定，解释违法行为的具体性质和影响，提醒他们在经营中遵守规定，加强环境保护、安全管理和服务质量。

防止恶化和重复违法。及时的警告可以避免违法行为进一步恶化或重复发生，有助于及早纠正错误，减少潜在的损失和风险。

2.责令整改的作用

纠正违法行为。责令整改是执法机构对经营者进行强制性要求的措施，要求其立即采取相应的纠正措施，消除违法行为，恢复合法经营。

强制执行法律法规。责令整改是执法机构对经营者依法经营的要求，通过强制手段推动经营者遵守法律法规，确保生态型露营旅游活动的合规性。

预防和警示效果。责令整改的执行对其他经营者具有警示作用，起到威慑效果，使其他经营者引以为戒，遵守法律法规，避免重复违法。

效果可见。由于责令整改要求经营者立即采取具体措施进行整改，其结果可以被直接观察和验证，有利于监管机构对整改情况进行跟踪和评估。

3.警告和责令整改的程序

发现违法行为。执法机构通过定期检查、举报投资、投诉举报等途径，发现经营者存在违法行为。

收集证据。执法机构会收集相关的证据，包括现场检查记录、监测数据、投诉举报材料等，以支持对违法行为的判断和处理。

警告通知。执法机构会向违法行为的经营者发出警告通知，明确指出其违法行为的性质、具体违规事项和需要整改的要求。警告通知可以通过书面形式或口头告知的方式进行。

责令整改。在发出警告通知后，执法机构会要求经营者立即进行整改，消除违法行为。整改要求通常会明确规定整改的具体内容、时间要求和相关的要求。

整改验收。经营者在完成整改后，执法机构会进行整改验收，验证经营者是否按照要求进行了整改。如果整改合格，执法机构会予以确认并记录整改结果。

后续监管。警告和责令整改并不意味着监管的结束，执法机构会进行后续的监管和跟踪，确保经营者持续遵守法律法规，并持续改进经营管理。

处罚补充措施。如果经营者未能按照要求进行整改，或者违法行为属于严重违法情况，执法机构可以采取进一步的处罚措施，如罚款、吊销许可证等，以维护生态型露营旅游的合规性和公平竞争的环境。

总体而言，警告和责令整改作为生态型露营旅游监督与处罚的一种手段，旨在通过提醒、教育和强制措施，引导经营者遵守法律法规，纠正违法行为，并促进生态型露营旅游的健康发展。这一机制的实施需要执法机构的严格监管和及时反馈，以确保监督与处罚的有效性和公正性。同时，经营者应积极配合整改要求，增强合规意识，加强管理，为生态型露营旅游的可持续发展作出积极贡献。

（二）罚款和行政处罚

对于严重违法行为，执法机构可以依法处以罚款和其他行政处罚措施。罚款金额将根据违法行为的性质和情节确定，并可能与违法行为造成的损失和环境影响有关。

1. 罚款的基本原则

违法行为的性质与情节。罚款金额将根据违法行为的性质和情节进行确定。严重违法行为可能面临更高的罚款金额，以起到威慑作用，并迫使违法者改正错误。

损失和环境影响。罚款金额可能与违法行为造成的损失和环境影响有关。如果违法行为导致了自然资源的破坏、生态系统的恶化或其他环境问题，罚款金额可能会根据实际损失和影响进行计算。

经济能力和社会效益。罚款金额也可能考虑违法者的经济能力和违法行为的社会效益。对于经济实力较弱的个人或小型经营者，罚款金额可能会适度调整，以保证惩罚力度的公平性。

2. 行政处罚的形式

罚款。罚款是一种常见的行政处罚措施，违法行为者需要支付一定数额的罚款作为惩罚，并承担相应的经济责任。罚款金额将根据违法行为的性质和情节进行确定。

责令停业整顿。对于严重违法行为或持续不改的情况，执法机构可能会对违法者进行责令停业整顿的行政处罚。这意味着违法者必须停止经营活动一段时间，并进行整改，以确保符合相关法律法规。

吊销许可证。对于严重违法行为且情节严重的情况，执法机构可以对违法者吊销其相关许可证，禁止其继续从事生态型露营旅游活动。这是一种严厉的行政处罚措施，对违法者的经营活动造成极大影响。

责令关闭或拆除。对于违法行为导致的严重环境破坏或违法建设的情况，执法机构可以责令关闭违法建设或拆除违法建筑物，恢复原状。这是一种强制性的行政处罚措施，旨在恢复违法行为带来的环境破坏，并确保生态型露营旅游活动的合规性和可持续发展。

3. 具体罚款的程序和实施

立案调查。执法机构在发现违法行为后，将立案调查，收集相关证据和资料，并了解违法行为的性质、情节和影响。

通知告知。执法机构会向违法行为者发出罚款通知，明确违法事实、法律依据和罚款金额，并要求其在规定的期限内支付罚款。

罚款决定。执法机构根据调查结果和法律规定，依法作出罚款决定，并将决定书送达给违法行为者，确保其知悉和理解相关处罚事项。

罚款缴纳。违法行为者在规定的期限内，按照执法机构的要求将罚款金额缴纳到指定的账户，并确保缴纳记录的准确性和完整性。

监督和执行。执法机构将对罚款的缴纳进行监督和执行，确保违法行为者按时缴纳罚款，并及时记录缴纳情况。

追加处罚和强制执行。如果违法行为者拒不缴纳罚款或逾期未缴纳，执法机构可以追加其他行政处罚措施，并采取强制执行措施，如查封、扣押财物等，确保处罚的执行。

4. 罚款的效果和影响

惩罚和震慑作用。罚款是对违法行为者的经济惩罚，可以有效地震慑违法行为，使其认识到违法的严重性和法律的权威性。

经济约束和损失补偿。罚款能够限制违法行为者的经济利益，迫使其承担违法行为带来的经济损失，并补偿相关的环境和资源损害。

公平和公正。罚款金额的确定需要遵循公平和公正的原则，确保对不同违法行为者的处罚一致性和公平性，不偏袒任何一方。

改正违法行为和整改措施。罚款的实施可以促使违法行为者意识到问题的严重性，改正违法行为，并采取相应的整改措施，以符合相关法律法规和要求。

社会影响和舆论引导。罚款的公开执行可以引起公众的关注和关注，形成对违法行为的社会谴责，促使其他经营者遵守法律法规，并推动整个行业的规范化发展。

监管机构的监督和评估。罚款作为一种行政处罚措施，执法机构将对罚款的执行情况进行监督和评估，确保罚款的有效实施和目标达成。

（三）暂停营业和吊销许可证

暂停营业和吊销许可证是生态型露营旅游监督与处罚中较严厉的处罚措施，针对严重违法行为或屡次违法的经营者，执法机构可以采取这些措施以保护公众的利益和维护生态环境的健康。

1. 暂停营业的作用

终止违法行为。暂停营业是一种强制性措施，可立即停止违法行为的继续进行。通过暂停营业，执法机构可以阻止经营者继续从事违法活动，以保护公众和生态环境的利益。

警示和惩罚。暂停营业对违法经营者具有强烈的警示和惩罚作用。经营者被迫停业一段时间，将面临经济损失和声誉影响，这有助于引起其他经营者的重视，并对违法行为形成威慑。

时间限制和整改机会。暂停营业可以给予经营者一定的时间和机会进行整改。经营者在停业期间可以对违法问题进行彻底整改，以符合相关法律法规的要求，并消除违法行为所带来的影响。

2.吊销许可证的作用

制止违法行为。吊销许可证是对严重违法行为的一种极端处罚措施。通过吊销许可证，执法机构可以直接终止违法经营者的经营权力，禁止其继续从事生态型露营旅游活动，以制止违法行为的发生。

惩罚和法律制约。吊销许可证对经营者具有严厉的惩罚作用，对其经营活动产生严重的影响。此举向经营者传达了明确的信息，即违法行为将受到严厉的法律制约和惩罚，促使其他经营者遵守法律法规。

保护公众安全和利益。吊销许可证确保了公众安全和利益的保护。经营许可证的吊销意味着经营者不再具备合法经营的资格，无法继续提供服务，从而避免了可能对公众安全和利益产生的潜在风险。

3.暂停营业和吊销许可证的程序和实施

立案调查。执法机构在发现经营者严重违法行为或屡次违法时，将立案调查，收集相关证据和资料，并了解违法行为的性质、情节和影响。

通知告知。执法机构向违法经营者发出暂停营业或吊销许可证的通知，明确违法事实、法律依据和实施措施，并要求其在规定的期限内停止经营活动或归还许可证。

决定书送达。执法机构根据调查结果和法律规定，依法作出暂停营业或吊销许可证的决定，并将决定书送达给违法经营者，确保其知悉和理解相关处罚事项。

停业整顿和整改要求。对于暂停营业的经营者，执法机构要求其立即停止经营活动，并提出整改要求。整改要求可能包括修复环境损害、改善安全设施、整顿经营行为等，以消除违法行为并改善经营管理。

吊销许可证和经营终止。对于吊销许可证的经营者，执法机构直接终止其经营权力，取消其相关的经营许可证。这意味着经营者不再具备合法经营的资格，无法继续从事生态型露营旅游活动。

监督和执行。执法机构将对暂停营业和吊销许可证的执行进行监督和检查，确保违法经营者严格遵守相关处罚要求。同时，监督机构还要确保其他相关部门和社会公众对处罚决定的知晓和遵守。

第三节 信息化与技术支持的执法手段

信息化技术在生态型露营旅游执法中的应用发挥着重要的作用，为执法机构提供了更高效、准确和智能化的监管手段。

一、数据管理与分析

信息化技术可用于生态型露营地点和经营者的数据管理和分析。执法机构可以建立统一的数据库系统，记录和管理相关的执法数据，包括违法行为信息、处罚记录、检查结果等。通过数据分析，可以发现违法行为的趋势和规律，辅助执法决策和资源配置。

（一）数据收集与整合

信息化技术可以支持执法机构建立统一的数据库系统，用于记录和管理与生态型露营旅游执法相关的各类数据。这些数据包括但不限于违法行为信息、处罚记录、检查结果、投诉举报数据、环境监测数据、经营者信息等。通过信息化系统，执法机构可以实现数据的集中收集、整合和存储，方便后续的分析和查询。

1.违法行为信息

执法机构可以通过信息化技术收集和记录涉及生态型露营旅游违法行为的信息，包括非法建设、环境污染、资源破坏、违规经营等。这些信息包括违法行为的时间、地点、类型、程度、相关证据等。通过统一的数据库系统，可以对这些信息进行归档和整理，为后续的执法工作提供依据。

2.处罚记录

信息化技术可以记录和管理生态型露营旅游执法中的处罚记录，包括罚款金额、处罚种类、处罚依据、执行情况等。执法人员可以将处罚决定和执行情况录入数据库系统中，并及时更新和维护记录。这些处罚记录可以提供参考，用于评估执法效果和制定后续执法策略。

3.检查结果

执法机构可以利用信息化技术记录和管理生态型露营地点的检查结果，包括合规性评估、安全检查、环境监测等。通过收集和整合这些检查结果，可以建立生态型露营地点的档案，了解其合规性和运营状况，为执法决策提供参考。

4.投诉举报数据

信息化技术可以支持执法机构收集和管理公众的投诉举报数据。公众可以通过在线平台或手机应用提交投诉举报信息，包括违法行为的描述、证据材料等。这些数据可以被记录在数据库系统中，并与其他相关数据进行关联。执法人员可以根据投诉举报数据进行初步调查，采取相应的执法行动。

5.数据分析与洞察

信息化技术的数据管理与分析功能可以帮助执法机构进行深入的数据分析和洞察。通过数据分析工具和算法，可以挖掘数据中的潜在关联和规律，发现新的违法行为形式和趋势，帮助执法机构更好地调整执法策略和资源分配。

6.数据查询与报告

信息化技术支持执法人员进行快速、准确的数据查询与报告生成。执法人员可以通过数据库系统进行关键词搜索、条件筛选等操作，快速找到所需的执法数据。同时，可以利用系统的报告生成功能，生成各类执法报告，如违法行为统计报告、执法效果评估报告等，为决策者和上级机构提供参考依据。

通过信息化技术的数据管理与分析，执法机构能够更好地了解和掌握生态型露营旅游领域的违法行为情况，加强执法监管，提高执法效率和精度，保护生态环境和公众利益。

（二）数据清洗与处理

在数据管理过程中，信息化技术可以用于数据的清洗和处理，以确保数据的准确性和完整性。通过数据清洗技术，可以检查和修复数据中的错误、缺失和重复项，提高数据质量。同时，可以对数据进行标准化和格式化处理，以便进行后续的分析和应用。

1.错误数据处理

数据中可能存在各种错误，如拼写错误、逻辑错误、数据格式错误等。信息化技术可以使用自动化工具和算法来检测和修复错误数据。例如，拼写检查功能可以自动纠正拼写错误，逻辑校验可以检测数据是否符合逻辑关系，格式转换可以将不一致的数据格式统一。

2.缺失数据处理

数据中可能存在缺失值，即某些字段缺少必要的数据。信息化技术可以使用插补方法来填充缺失值。例如，可以使用均值、中值、回归分析等方法来估算缺失值，并确保数据的完整性和可用性。

3.重复数据处理

数据中可能存在重复记录，即相同的数据被重复输入或存储多次。信息化技术可以通过去重算法来识别和删除重复数据。常用的去重算法包括基于字段比较、哈希算法和聚类分析等。去重操作可以减少数据冗余，提高数据的质量和效率。

4.标准化与格式化

数据来源多样，格式也各异，需要进行标准化和格式化处理，使数据统一、规范。信息化技术可以使用数据转换和清洗工具，将不同来源的数据进行标准化和格式化处理，使其符合统一的数据模型和规范。

5.异常值处理

数据中可能存在异常值，即与其他数据明显不一致或超出合理范围的数据。异常值可能是数据输入错误、数据采集问题或真实异常情况。信息化技术可以使用异常值检测算法来识别和处理异常值。例如，可以使用统计方法、离群点检测算法等来识别异常值，并根据实际情况决定是否修正或删除。

6.数据一致性校验

数据一致性是指数据在不同数据源或不同时间点上的一致性和相互关联性。信息化技术可以通过数据比对、数据匹配和关联分析等方法，对数据的一致性进行校验。例如，可以检查数据之间的关联关系是否合理，以确保数据的准确性和可靠性。

7.数据集成与合并

生态型露营旅游执法涉及多个数据源和数据类型，需要将这些数据进行集成和合并，以便进行综合分析和综合应用。信息化技术可以通过数据集成工具和技术，将来自不同数据源的数据进行整合，构建统一的数据集。这样可以消除数据的冗余性，提高数据的一致性和可用性，使数据更易于管理和分析。

8.数据质量评估

在数据清洗和处理完成后，需要对数据质量进行评估和验证。信息化技术可以使用数据质量评估工具和指标，对数据进行质量检查和度量。常用的数据质量指标包括数据准确性、完整性、一致性、唯一性等。通过数据质量评估，可以确保数据的可信度和可靠性，为后续的数据分析提供可靠的基础。

9.数据安全与隐私保护

在数据管理和分析过程中，数据安全和隐私保护是至关重要的方面。信息化技术可以采用各种数据加密、权限管理和访问控制技术，确保数据的安全性和隐私性。执法机构需要制定相关的数据安全策略和措施，建立安全的数据管理和处理机制，以保护敏感数据和个人隐私信息的安全。

10.数据备份与恢复

为了应对数据丢失、系统故障或意外事件，信息化技术可以支持数据备份和恢复机制。执法机构需要定期备份数据，确保数据的可持续性和可恢复性。在发生数据丢失或系统故障时，可以通过数据备份进行数据恢复，避免数据损失和业务中断。

通过信息化技术在数据管理与分析方面的应用，生态型露营旅游执法机构可以有效管理和利用大量的执法数据，提高数据的质量和可用性，发现数据中的规律和趋势，辅助执法决策和资源配置，提升执法效率和效果。同时，数据清洗和处理也为后续的数据分析、数据挖掘和预测建模等工作奠定了坚实的基础。

二、监控与监测系统

信息化技术可用于建立监控与监测系统，实时监测生态型露营地点的运营情况和环境状况。通过视频监控、环境传感器等设备，可以对生态型露营地点进行远程监控，及时发现异常情况和违法行为，并采取相应的处罚措施。

（一）视频监控系统

通过安装视频监控设备，执法机构可以对生态型露营地点进行实时监控和录像，以获取详细的场景信息。视频监控可以涵盖露营区域、公共设施、停车场、环境敏感区等关键区域，帮助执法人员迅速发现和处理违法行为。同时，视频监控也可以作为证据用于案件调查和司法审判。

（二）环境监测传感器

信息化技术还可以应用于环境监测系统，通过安装传感器设备实时监测生态型露营地点的环境指标，如空气质量、水质状况、噪声水平等。这些传感器可以自动采集数据，并将数据传输到中央数据库进行存储和分析。执法人员可以通过监测数据了解环境状况，发现异常情况，及时采取措施进行处理。

（三）远程监控与管理平台

通过建立远程监控与管理平台，执法人员可以远程监视和管理生态型露营地点的运营情况。该平台可以提供实时视频监控、环境数据监测、警报通知等功能，使执法人员能够及时了解场地情况并采取行动。同时，该平台还可以支持数据分析和报表生成，帮助执法机构进行综合评估和决策。

（四）预警与报警系统

信息化技术还可以应用于建立预警与报警系统，通过设置触发条件和警报规则，实时监测生态型露营地点的异常情况，并及时发出警报通知。例如，当监测数据超出预设范围、视频监控发现可疑行为或设备故障时，系统可以自动发送警报信息给执法人员，以便他们迅速采取措施。

信息化技术的应用使得执法机构能够更加高效地收集、管理和分析生态型露营旅游执法的相关数据。通过实时监控和数据分析，执法机构能够更早地发现违法行为、快速作出反应，并采取适当的执法措施。这不仅提高了执法效率和准确性，还有助于保护生态环境和维护公众的权益。

三、网络举报与投诉平台

通过建立网络举报与投诉平台，执法机构可以接收公众的举报和投诉信息。公众可以通过在线渠道提供违法行为的举报，并提供相关证据和信息。信息化技术可以帮助执法机构对举报信息进行整理、分析和跟踪，快速响应并采取相应的行动。以下是网络举报与投诉平台在生态型露营旅游执法中的详细应用。

（一）举报和投诉渠道

网络举报与投诉平台提供了便捷的渠道，使公众能够随时随地通过网络提交举报和投诉信息。公众可以在平台上填写相关的违法行为描述、提供证据材料，并留下联系方式，以便执法机构进行后续的调查和处理。

（二）信息整理与分类

执法机构利用信息化技术对举报和投诉信息进行整理、分类和归档。通过建立数据库系统，可以将收到的举报和投诉信息进行统一管理，便于后续的分析和查询。执法机构可以利用搜索功能和数据筛选，快速找到相关信息，进行进一步的处理。

（三）信息分析与核实

信息化技术可以支持对举报和投诉信息的分析和核实。执法机构可以利用数据分析工具和算法对大量的举报信息进行处理，识别出可能存在的违法行为和问题，并进行核实。同时，执法机构可以与其他部门或相关机构进行数据共享，进一步核实举报和投诉的真实性。

（四）快速响应与处理

通过网络举报与投诉平台，执法机构能够快速接收和处理举报信息。执法人员可以根据举报内容和紧急程度，及时进行调查和处理。如果举报信息涉及违法行为，执法机构可以派遣执法人员前往现场进行现场检查，收集证据，并采取相应的执法措施。

（五）举报进展跟踪与反馈

通过网络举报与投诉平台，公众可以随时了解自己举报的进展情况。执法机构可以通过平台提供反馈信息，告知举报人举报进展、处理结果等。这种及时的反馈可以增强公众的参与感和信任感，进一步促进社会的监督作用。

总结起来，网络举报与投诉平台的建设和应用为生态型露营旅游执法提供了便捷、高效的工具和渠道。通过信息化技术的支持，执法机构能够更好地收集、整理、分析和处理举报和投诉信息，实现对违法行为的快速响应和处罚，提高监督和管理效果。网络举报与投诉平台的应用还能够促进公众参与和社会监督，推动生态型露营旅游行业的健康发展。

四、移动执法应用

信息化技术可以支持移动执法应用的开发和使用。执法人员可以通过移动设备，如智能手机或平板电脑，进行现场执法，记录违法行为、采集证据，并及时上传至执法系统。移动执法应用可以提高执法效率，减少纸质文书的使用，加快信息传递和处理速度。

（一）移动设备的使用

执法人员可以携带移动设备（如智能手机、平板电脑等）进入生态型露营地点，实时记录和处理违法行为。移动设备具备拍照、录音、视频等功能，可以方便地获取现场证据，并进行即时上传。

（二）现场执法记录

通过移动执法应用，执法人员可以记录违法行为的细节、时间、地点等信息。应用程序提供预设的执法表单和选项，方便执法人员快速填写相关信息，确保记录的准确性和完整性。

（三）证据采集和存储

移动执法应用可以帮助执法人员采集各种形式的证据，如照片、视频、录音等。这些证据可以直接通过移动设备进行捕捉，并与相关执法记录关联起来。移动执法应用还可以将证据自动保存在云端或执法系统中，确保证据的安全存储和易于检索。

（四）实时数据上传与共享

移动执法应用允许执法人员在现场将执法记录和相关证据直接上传到执法系统或云端服务器。这样，相关信息可以实时共享给其他执法人员、上级机构或相关部门，提高信息的传递效率和共享性。

（五）执法规则和指导

移动执法应用可以内置相关的执法规则和指导，帮助执法人员准确判断违法行为，并提供相应的执法依据。这些规则和指导可以根据法律法规的更新进行及时更新，确保执法的准确性和合规性。

（六）自动化执法流程

移动执法应用可以自动化执法流程，通过预设的规则和逻辑，引导执法人员按照标准程序进行执法。应用程序可以自动生成执法文书、罚款通知书等文件，并提供电子签名功能，减少烦琐的手工操作和纸质文书的使用。

（七）数据分析和报告生成

移动执法应用可以将采集的数据自动导入执法系统中，进行数据分析和报告生成。执法机构可以通过分析移动执法数据，了解违法行为的趋势、分布情况等，从而制定更有效的执法策略和资源配置。移动执法应用可以生成各种报告和统计图表，帮助执法机构进行数据分析和决策，提升执法效果和管理水平。

（八）执法信息的整合与共享

移动执法应用可以与其他相关系统进行数据整合和共享，如环境监测系统、投诉举报平台等。通过数据的共享和交互，执法机构可以获得更全面、准确的信息，更好地了解生态型露营旅游的运行情况和问题。

（九）实时指导与培训支持

移动执法应用可以提供实时的指导和培训支持，通过应用内的教程、操作指南和培训视频等方式，帮助执法人员熟悉应用的使用方法和相关执法规定。这样可以提高执法人员的专业水平和操作能力。

（十）安全与隐私保护

在信息化执法中，安全和隐私保护是非常重要的考虑因素。移动执法应用需要具备安全的数据传输和存储机制，采取加密和权限控制等措施，确保执法数据的安全性和隐私保护。

总体而言，信息化技术在生态型露营旅游执法中的移动执法应用能够提高执法效率、减少纸质化流程、增强数据管理和分析能力，从而促进生态型露营旅游的合规性、可持续性和安全性。它为执法人员提供了便利的工具和资源，帮助他们更好地履行职责，以保护生态环境和公众利益。

五、智能化决策支持

信息化技术可用于开发智能化决策支持系统，为执法机构提供数据分析和决策辅助功能。通过机器学习和数据挖掘技术，系统可以分析大量的执法数据，提取关键信息和模式，并生成智能化的监管报告和决策建议，帮助执法人员作出更准确、科学的决策。

（一）数据分析和挖掘

系统可以对大量的执法数据进行分析和挖掘，包括违法行为信息、处罚记录、检查结果等。通过机器学习和数据挖掘技术，系统可以发现数据中的模式、趋势和异常，提供对违法行为的预测和分析，帮助执法人员更好地理解和评估违法行为的特征及影响。

（二）监管报告和指标分析

系统可以生成智能化的监管报告和指标分析，将执法数据转化为可视化的图表、表格和报告，呈现违法行为的分布、趋势和影响。这些报告和分析可以帮助执法机构全面了解生态型露营旅游的执法情况，识别重点区域和问题，并为决策提供依据。

（三）风险评估和预警

系统可以基于历史数据和实时数据，进行风险评估和预警。通过对违法行为的分析和建模，系统可以识别潜在的高风险区域和经营者，并生成相应的预警信息，帮助执法机构调配资源，加强监管和预防工作，避免潜在的违法行为和问题的发生。

（四）执法决策支持

系统可以为执法人员提供决策支持功能，包括违法行为的评估和分类、处罚的建议和优化等。通过系统的智能分析和建模，执法人员可以获得针对不同违法行为的执法策略和措施，提高决策的科学性和准确性，确保执法工作的公正性和有效性。

（五）自动化流程和规则引擎

系统可以自动化执法流程和规则，通过事先设定的规则引擎，自动识别违法行为、生成处罚建议、指导执法人员操作等。这样可以减少人工干预和主观因素的影响，提高执法的一致性和效率。

（六）实时数据更新和反馈

系统可以实现实时数据更新和反馈，及时更新执法数据和监管信息，保证决策的准确性和时效性。同时，系统还可以提供执法人员的实时反馈和交流平台，方便他们与其他执法人员和部门之间进行信息共享和沟通，提高执法协作的效率和效果。

（七）预测和模拟分析

系统可以利用历史数据和实时数据进行预测和模拟分析，帮助执法机构预测未来可能出现的违法行为和问题，并进行相应的应对策略。通过建立模型和算法，系统可以提供针对不同情景和假设的模拟结果，辅助执法决策和资源分配。

（八）知识库和案例库管理

系统可以建立知识库和案例库，收集和管理相关的执法知识、经验和案例。这些知识和案例可以被系统用于问题识别、执法建议和决策支持，同时也可以供执法人员查询和学习，提升他们的执法能力和专业水平。

（九）安全和隐私保护

信息化技术在执法应用中需要重视数据的安全和隐私保护。系统应具备强大的安全机制和控制措施，确保执法数据的保密性、完整性和可用性。同时，系统应遵守相关的隐私法律法规，保护公民和企业的个人信息及商业秘密。

　　总体而言，信息化技术的智能化决策支持系统在生态型露营旅游执法中发挥着重要作用。通过数据分析、风险评估、决策支持等功能，系统能够帮助执法机构提高执法效率、准确性和科学性，促进执法工作的规范化和智能化。同时，系统也需要注重数据的安全和隐私保护，确保合法合规的使用和管理。

第七章　生态型露营旅游合同与责任法律法规

第一节　旅游合同与消费者权益保护

生态型露营旅游合同是指旅游经营者与消费者之间关于生态型露营旅游服务的合同关系。在这种合同中，旅游经营者提供生态型露营场所和相关服务，而消费者支付费用并享受相应的旅游体验。合同的签订和履行涉及消费者权益的保护，确保消费者在旅游过程中享受到安全、合法和满意的服务。

一、旅游合同与消费者权益保护的内容

消费者权益的保护是现代旅游业的重要原则之一。以下是生态型露营旅游合同与消费者权益保护相关的几个方面。

（一）合同内容的明确和公平

生态型露营旅游合同应明确约定旅游经营者提供的服务内容、价格、付款方式、取消和变更政策等重要条款。合同内容应简明扼要、易于理解，确保消费者对合同内容有充分的了解和知情权。

服务内容。合同应明确描述旅游经营者提供的具体服务内容，包括住宿、用餐、活动安排、交通等。消费者应清楚知道自己购买的旅游产品或服务的具体内容和范围。

价格和费用。合同应明确列明旅游产品或服务的价格和费用，包括费用的详细组成和支付方式。消费者有权知道旅游产品或服务的实际价格，并确保不会存在隐藏费用或额外收费。

付款方式和退款政策。合同应明确规定付款方式和退款政策。消费者有权了解付款方式的选择范围和具体流程，以及在取消或变更行程时的退款规定和标准。

取消和变更政策。合同应明确规定取消和变更行程的相关政策，包括取消费用、变更费用、退款规定等。消费者有权了解取消或变更行程的条件、期限和费用，并在合同签订前对这些政策进行充分了解。

旅游保险。合同应明确提醒消费者购买旅游保险的重要性，并说明旅游保险的种类和保障范围。消费者有权选择是否购买旅游保险，以保障自身在旅游过程中的安全和权益。

不可抗力和责任免除。合同应明确规定不可抗力情况下的责任免除条款，如自然灾害、政府行为等。消费者有权了解在不可抗力情况下，旅游经营者的责任和赔偿范围。

投诉处理机制。合同应明确规定投诉处理机制，包括投诉渠道、投诉受理时间和处理方式等。消费者有权在合同履行过程中遇到问题时提出投诉，并要求旅游经营者及时、公正的处理。

合同解除和违约责任。合同应明确规定双方解除合同的条件和程序，并约定违约责任。消费者有权在合同履行过程中发现旅游经营者的违约行为时，采取合法地解除合同和追究责任的措施。

争议解决。合同应明确规定争议解决的方式和途径。消费者有权了解可以通过协商、调解或仲裁等方式解决合同纠纷的具体步骤和程序。

公平条款。合同应遵循公平原则，避免利用合同条款损害消费者的权益。合同条款不应设置不合理的限制、免责或责任转嫁，确保消费者的合法权益得到保护。

明示告知。合同应明确告知消费者与旅游产品或服务相关的重要事项，如健康安全提示、注意事项、行程变更等。消费者有权在合同签订前获得充分的明示告知，以便作出知情决策。

语言和格式。合同应使用清晰、易懂的语言，避免使用过于专业或模糊的术语，确保消费者能够理解合同的内容。合同格式应简明扼要，重点突出，方便消费者阅读和理解。

合同条款的透明度和易读性。合同应具备透明度和易读性，消费者能够清晰地辨认合同条款的重要内容，避免陷入不平衡的合同条款中。合同应使用合理的字体大小和排版方式，确保消费者能够轻松阅读合同。

公开透明。合同应公开透明，不得隐瞒或欺诈消费者。合同条款应尽量避免使用过于复杂或模糊的语言，不得有欺骗性的条款，确保消费者能够真实了解合同内容。

合同的签订和确认。合同签订应当是自愿、平等和真实的。消费者有权在签订合同前充分了解和核实合同内容，不得强制或误导消费者签订合同。

通过明确和公平的合同内容，消费者的权益得到保障，合同的条款可以作为消费者维权的依据。同时，旅游经营者也应遵守合同的约定，履行合同义务，确保旅游产品或服务的质量和安全。在合同履行过程中，消费者和旅游经营者应相互尊重、平等协商，解决问题并维护双方的合法权益。

（二）价格和费用的透明

合同应明确标明生态型露营旅游服务的价格和费用，包括住宿费、用餐费、活动费等。价格和费用应真实、透明，不得有任何虚假宣传或隐含费用，以避免消费者因费用不明确而产生纠纷。

价格的明示。合同应明确标明生态型露营旅游服务的价格，包括住宿费、用餐费、活动费、导游费等各项费用。价格应以明确的数字形式呈现，避免使用模糊的表述或隐晦的术语。

费用的详细说明。合同应详细说明各项费用的具体内容和计算方式。例如，住宿费应包括房间类型、住宿日期、每日价格等信息；用餐费应说明餐次、菜单和餐标等内容。消费者应清楚了解每项费用的具体内容和计算方法，避免因费用不明确而产生争议。

预付款和尾款的规定。合同应明确约定预付款和尾款的支付方式和时间。预付款是指消费者在确认预订后需支付的一部分费用，尾款是指在旅游产品或服务完成后支付的剩余费用。合同应明确规定预付款和尾款的支付金额、时间和方式，避免模糊或不合理的约定。

隐含费用的禁止。合同不得设置隐含费用，即未在合同中明确约定但消费者需要支付的费用。所有费用应在合同中明确列出，消费者应当清楚了解并同意支付这些费用。旅游经营者不得以隐含费用的方式变相增加消费者的负担。

附加费用的明示。如果合同中存在可能产生的附加费用，如额外活动费、自费项目费等，应在合同中明确列出，并说明这些费用是可选的，消费者有权选择是否参加和支付这些费用。

价格变动的约定。合同应明确约定价格变动的情况和条件。如果合同约定了价格的调整方式，应明确说明调整的依据和范围，并规定在什么情况下可以调整价格，以保护消费者的权益。

（三）服务质量和安全保障

合同应明确约定旅游经营者对生态型露营旅游服务的质量和安全保障措施。旅游经营者应确保提供的露营场所符合规定，设施设备完善，服务人员热情周到。同时，应提供相关安全措施和应急处理机制，确保消费者的人身安全和财产安全。

服务项目和标准。合同应明确列出生态型露营旅游服务的具体项目和相关标准。包括但不限于住宿设施的条件和质量、用餐的种类和质量、导游服务的内容和专业素质等。旅游经营者应确保提供的服务符合合同约定的标准，保证消费者获得预期的服务体验。

露营地点和设施。合同应明确约定生态型露营旅游的具体地点和相关设施。合同中应指明露营地点的位置、环境和设施条件，包括卫生间、淋浴间、停车场、篝火区等。旅游经营者应确保露营地点的安全、整洁和符合规定，提供充足的基础设施，满足消费者的基本需求。

服务人员的素质和态度。合同可以约定旅游经营者提供服务的人员素质和服务态度。服务人员应具备专业知识和技能，热情周到地为消费者提供服务。合同中可以约定服务人员的礼貌待客、解答疑问、处理投诉等方面的要求，以提高服务质量和消费者满意度。

安全措施和应急处理机制。合同应明确约定旅游经营者提供的安全措施和应急处理机制。包括但不限于消防设备、安全教育和培训、应急联系方式等。旅游经营者应采取必要的安全措施，确保消费者在生态型露营旅游中的人身安全和财产安全。

服务质量监督和投诉处理。合同可以约定服务质量监督和投诉处理的机制。旅游经营者应建立有效的监督和投诉处理机制，接受消费者的监督和投诉，及时处理和解决问题。合同中可以约定消费者的监督权和投诉渠道，以确保消费者的合法权益得到保障。

退款和赔偿政策。合同应明确约定退款和赔偿政策。如果由于旅游经营者的原因导致服务质量或安全问题，合同应规定消费者的退款和赔偿权益。合同可以约定在服务质量或安全问题发生时，消费者可以要求退款或获得相应的赔偿，以补偿其遭受的损失。

景区介绍和安全提示。合同中可以包含景区介绍和相关安全提示。旅游经营者应向消费者提供详细的景区介绍，包括景点特色、游览路线、注意事项等。同时，合同应明确标明消费者在生态型露营旅游过程中需要注意的安全事项，以帮助消费者避免潜在的危险和风险。

保险责任和赔偿责任。合同中可以约定旅游经营者的保险责任和赔偿责任。旅游经营者应根据相关法律和规定，购买适当的责任保险，以保障消费者在生态型露营旅游过程中发生意外事件时的权益。合同中应明确约定保险责任的范围、赔偿限额和赔偿条件。

监管机构的监督和检查。合同可以提及监管机构对生态型露营旅游服务的监督和检查。旅游经营者应接受监管机构的监督和检查，确保服务质量和安全保障措施的合规性。合同中可以明确约定监管机构的名称和联系方式，以便消费者在需要时进行举报或投诉。

通过在生态型露营旅游合同中明确约定服务质量和安全保障的内容，可以有效保护消费者的权益，确保他们获得安全、高质量的旅游服务体验。旅游经营者应遵守合同的约定，提供符合合同约定的服务，确保消费者的合法权益得到保障。消费者也应认真阅读合同条款，了解自己的权益和责任，保持合法权益的维护意识。

二、消费者在生态型露营旅游中的权益保护

除了合同相关的权益保护，消费者在生态型露营旅游过程中还享有其他权益，如知情权、安全权、隐私权等。

（一）知情权

消费者有权获得关于生态型露营旅游服务的真实、准确和完整的信息，包括旅游目的地的环境状况、活动安排、服务标准等。旅游经营者应提供清晰的宣传材料和网站内容，确保消费者能够充分了解旅游产品和服务。

旅游产品和服务信息的披露。旅游经营者应提供清晰、详细的旅游产品和服务信息，包括目的地的环境特点、景点介绍、露营地点的设施设备、活动安排、交通方式、用餐标准等。这些信息应以易于理解和获取的方式向消费者披露，如宣传手册、官方网站、线上平台等。

真实和准确的宣传材料。旅游经营者在宣传材料中应提供真实、准确和具有代表性的信息，避免虚假宣传和夸大其词。宣传材料应准确反映旅游产品和服务的实际情况，如景点照片、露营地实景图、活动照片等应与实际相符。

预订和购买信息的明示和隐含条件。旅游经营者应在预订和购买过程中明确告知消费者相关的条件和约束，如退改政策、费用包含和不包含的项目、额外费用等。这些信息应在预订页面、合同或其他相关文件中明示，消费者应能够充分了解并同意这些条件。

旅游行程和活动安排的通知。旅游经营者应提前通知消费者有关旅游行程和活动的具体安排，包括出发时间、行程路线、景点参观顺序、活动内容等。消费者应在出发前获得

充分的行程信息，以便做好准备。

服务标准和质量的说明。旅游经营者应向消费者明确说明服务标准和质量要求，如住宿条件、饮食质量、导游服务等。消费者有权了解所购买的旅游服务的服务标准，以便能够对服务的质量进行评估和监督。

环境保护和安全提示。旅游经营者应向消费者提供有关环境保护和安全注意事项的提示和指导，以确保消费者能够在旅游过程中保护环境和确保安全。这些提示可能包括保护自然环境的行为准则、禁止破坏生态环境的规定、野生动物保护的建议等。同时，应提供安全措施和应急处理机制，如应急联系方式、紧急撤离指示等，以保障消费者在旅游过程中的人身安全和财产安全。

条款和条件的明示和可理解性。合同中的条款和条件应以清晰、简明的语言表达，避免使用复杂和模糊的措辞。消费者应能够理解合同的内容，包括旅游产品和服务的约定、付款方式、取消和退改政策等。合同中的重要条款应以醒目的方式呈现，以便消费者在签订合同时能够注意到。

投诉和纠纷解决机制的告知。旅游经营者应向消费者告知投诉和纠纷解决的渠道和程序。消费者应知晓在遇到问题或纠纷时可以通过哪些途径进行投诉和寻求解决，以保障其权益得到维护。

监督和检查机制的介绍。旅游经营者可以向消费者介绍监督和检查机制的存在，表明他们将接受相关部门的监督和检查，并保证旅游产品和服务的质量和合法性。这有助于消费者对旅游经营者的信任和依赖。

消费者的知情权保护对于建立信任、促进消费者满意度和维护消费者权益至关重要。旅游经营者应尽责地提供真实、准确和充分的信息，确保消费者能够充分了解旅游产品和服务，并作出明智的决策。同时，监管部门也应加强对旅游经营者的监管，确保其履行信息披露的责任，维护消费者的知情权益。

（二）安全权

消费者有权在生态型露营旅游中享受安全的环境和服务。旅游经营者应提供安全可靠的露营场所和设施，并采取必要的安全措施，如防火、防盗、防溺水等。消费者有权拒绝参与任何可能危及人身安全的活动。

露营场所的安全规划。旅游经营者应对露营场所进行安全规划，确保其符合相关安全标准和要求。这包括确保场地的基础设施完善，如道路、供水、供电等，并采取相应的安全措施，如防火、防盗、防溺水等，以确保消费者在露营过程中的安全。

设施设备的安全性。旅游经营者应确保提供的设施设备符合相关安全标准，如帐篷、露营车、照明设备等。这些设施设备应经过安全检查，并定期进行维护和保养，确保其安全可靠性。

活动的安全管理。旅游经营者在组织活动时应采取必要的安全管理措施。这包括评估活动的风险程度，制定相应的安全操作规程，提供必要的安全装备和指导，并确保活动过程中的安全控制和监督。

人员培训和资质要求。旅游经营者应确保其员工具备必要的培训和资质，以提供安全的服务和指导。员工应了解应对紧急情况的应急措施，并具备基本的急救知识和技能。

事故应急处理机制。旅游经营者应建立健全的事故应急处理机制，包括制定应急预案、设立紧急联系方式、提供急救设备等。在发生紧急情况时，应能迅速响应并采取必要的措施，确保消费者的安全。

信息披露和警示。旅游经营者应提供必要的安全警示和信息披露，包括活动的风险提示、安全须知等。消费者应提前了解活动的安全要求和注意事项，并自觉遵守。

监督和检查机制。监管部门应加强对生态型露营旅游经营者的监督和检查，确保其履行安全管理的责任。这包括对露营场所、设施设备和活动的安全进行定期检查，以确保其符合安全标准和规定。监管部门还应建立投诉举报机制，接受消费者对安全问题的投诉，并及时处理和调查。

安全培训和教育。消费者有权接受有关生态型露营旅游安全的培训和教育。旅游经营者可以提供安全知识的宣传和培训，让消费者了解安全意识、自我保护和应急处理的方法。

风险告知和免责条款。合同中应包含适当的风险告知和免责条款，以提醒消费者相关活动的潜在风险，并明确责任分担原则。消费者有权知晓活动可能存在的风险，并根据自身情况作出相应的选择和决策。

事故赔偿和保险。旅游经营者应购买合适的责任保险，以覆盖可能发生的意外事故和伤害赔偿。消费者在遭受人身伤害或财产损失时，有权要求旅游经营者承担相应的赔偿责任。

总体而言，保护消费者在生态型露营旅游中的安全权是旅游经营者和监管部门的共同责任。通过制定和执行相关安全管理制度、加强监督检查、提供安全培训和教育等措施，可以最大限度地保护消费者的人身安全和财产安全，提升生态型露营旅游的品质和可信度。同时，消费者也应自觉遵守活动规则和安全要求，增强自我保护意识，共同营造安全和谐的旅游环境。

（三）隐私权

消费者有权保护个人信息的隐私和安全。旅游经营者应严格遵守相关法律法规，保护消费者的个人信息不被非法获取、使用或泄露。消费者的个人信息应仅用于提供旅游服务，未经消费者同意不得向第三方提供。

信息收集与使用。旅游经营者在收集消费者个人信息时，应遵循合法、正当和必要的原则。他们应明确告知消费者个人信息的收集目的、使用范围和方式，并取得消费者的明示同意。

信息保护措施。旅游经营者应采取合理的技术和组织措施，确保消费者个人信息的安全。这包括加密技术的应用、访问权限的限制、网络安全的防护措施等，以防止个人信息的非法获取、使用和泄露。

合同条款的明确。生态型露营旅游合同中应明确规定旅游经营者对消费者个人信息的处理方式和保护措施。合同中应包含隐私政策、信息安全条款等内容，确保消费者对个人信息的使用和保护有明确的了解。

信息共享与披露。旅游经营者不得未经消费者同意将其个人信息提供给第三方，除非法律法规另有规定或消费者明确同意。在与合作伙伴共享个人信息时，旅游经营者应签订保密协议并严格控制合作伙伴对个人信息的使用。

信息访问与更正。消费者有权访问、更正、删除或撤销其个人信息。旅游经营者应提供相应的渠道和方式，让消费者行使相关权利，并及时响应消费者的请求。

监督与投诉机制。监管部门应建立有效的监督机制，确保旅游经营者合规处理消费者个人信息。消费者可以通过投诉渠道举报个人信息泄露、滥用或其他违规行为，监管部门应及时调查和处理。

隐私权的保护对于消费者来说至关重要。旅游经营者应认识到隐私权的重要性，建立合规的数据管理和隐私保护机制，增强消费者对生态型露营旅游的信任和满意度。同时，消费者也应保持警惕，注意个人信息的保护，选择有良好信誉的旅游经营者，并妥善管理个人信息的披露和使用。

（四）诚信权

消费者有权获得诚信、公平和诚实守信的服务。旅游经营者应按照合同约定提供服务，不得欺诈、误导或以不合理的方式变更合同条款。消费者有权要求旅游经营者履行承诺，并获得合理的补偿。

合同约定的履行。旅游经营者应按照合同约定提供服务，履行其在合同中承诺的内容。他们不应以任何欺诈、误导或不诚实守信的方式对待消费者。

价格和费用的诚实透明。旅游经营者应提供真实、准确和完整的价格和费用信息，避免任何虚假宣传或隐含费用。消费者有权要求旅游经营者提供清晰明了的价格结构，确保费用的透明性。

服务质量的保证。旅游经营者应提供符合合同约定和相关法律法规的服务质量。他们应确保提供的露营场所符合规定，设施设备完善，服务人员热情周到，并且积极解决消费者的投诉和问题。

变更和取消政策的公平性。旅游经营者应明确约定变更和取消政策，确保消费者在必要时能够便利地变更或取消旅游行程。这些政策应公平合理，不得给消费者造成不合理的损失。

诚信补偿和解决纠纷。如果旅游经营者未能按照合同约定提供服务或违背诚实守信的行为，消费者有权要求合理的补偿。双方应通过协商和沟通解决纠纷，如无法达成一致，消费者可以寻求法律途径维护自己的权益。

监管与投诉机制。监管部门应加强对生态型露营旅游市场的监管，确保旅游经营者遵守诚信原则，并建立有效的投诉处理机制。消费者可以通过投诉渠道举报不诚信行为，监管部门应及时调查和处理，保护消费者的权益。

总之，消费者在生态型露营旅游中享有诚信权，旅游经营者应诚实守信、公平合理地提供服务，并保护消费者的合法权益。同时，消费者也应积极维护自身的权益，通过合同约定、投诉、法律援助等方式来保护自己的诚信权。

（五）投诉权

消费者有权提出投诉和意见，旅游经营者应提供有效的投诉渠道，并及时处理消费者的投诉。消费者有权获得公正、公平和及时的解决方案，保护自己的合法权益。

投诉渠道的建立。旅游经营者应建立有效的投诉渠道，如客户服务热线、电子邮件、在线投诉平台等，以便消费者能够便捷地提出投诉和意见。这些渠道应公示在旅游经营者的官方网站、营业地点或合同中，确保消费者可以找到适当的投诉渠道。

投诉受理和处理。旅游经营者应及时受理消费者的投诉，并进行调查和处理。在受理投诉时，旅游经营者应给予消费者回应和反馈，告知投诉处理的进展情况和预计的解决时间。对于投诉涉及的问题，旅游经营者应采取积极的态度，进行公正、公平和客观的处理，并为消费者提供合理的解决方案。

投诉记录和统计分析。旅游经营者应记录并统计投诉信息，包括投诉的数量、类型、处理结果等。通过对投诉数据的分析，旅游经营者可以发现问题的症结所在，并采取相应的措施进行改进和提升服务质量。

投诉结果的通知和跟进。旅游经营者应及时通知消费者投诉的处理结果，并跟进解决方案的执行情况。如果投诉问题得到解决，旅游经营者应向消费者道歉并提供适当的补偿措施，以恢复消费者的信心和满意度。

监管机构的介入。如果消费者对旅游经营者的投诉处理结果不满意或遇到无法解决的问题，消费者可以寻求相关监管机构的介入，如旅游行政管理部门、消费者权益保护组织等。这些机构可以对投诉进行调查和调解，并给予旅游经营者相应的指导和处罚。

为了保护消费者权益，相关法律法规和政策在生态型露营旅游领域也得到了加强和完善。消费者可以根据相关法律法规对旅游经营者的行为进行监督和维权，同时也应增强自身的消费意识，选择合法、信誉良好的旅游经营者，确保自身的权益得到有效保护。

第二节 露营旅游责任与赔偿法律法规

消费者在寻求责任与赔偿时应注意保留相关证据和记录，如合同、收据、照片、视频、证词等。如果遇到纠纷，可以与旅游经营者进行协商和沟通，寻求解决方案。如果无法达成协议，消费者可以向相关的消费者权益保护机构或法律机构寻求帮助和救济。每个国家和地区的法律规定略有不同，因此建议消费者在遭受损失时咨询专业律师或相关机构，以获取具体的法律建议和帮助。

一、旅游经营者的责任

生态型露营旅游的经营者有责任向消费者提供安全、合规和优质的服务。他们应确保露营场所和设施的安全性，提供必要的安全警示和指导，以及提供与宣传和合同约定相符的服务内容。

（一）安全责任

旅游经营者有责任确保生态型露营地点的安全性，包括对露营区域、设施设备和活动进行定期检查和维护，以消除潜在的安全风险。他们应提供必要的安全警示和指导，确保消费者在露营期间的人身安全。

（二）服务质量责任

旅游经营者应提供与宣传和合同约定相符的服务内容，确保提供的住宿、用餐、活动等服务质量符合消费者的合理期望。他们应确保提供的服务设施及设备的完好性和正常运行，并提供热情周到的服务人员。

（三）合同履行责任

旅游经营者应按照合同约定提供服务，不得随意变更合同条款或以不合理的方式解除合同。他们应履行合同约定的义务，确保消费者能够按照合同享受旅游服务。

（四）环境保护责任

生态型露营旅游强调环境保护，旅游经营者有责任遵守相关的环境保护法律法规。他们应采取措施保护自然环境，防止环境破坏和生态系统的恶化。

在旅游经营者未能履行上述责任或导致消费者受到损失时，消费者有权要求旅游经营者承担相应的赔偿责任。赔偿范围可能包括医疗费用、财产损失、精神损失等。如果旅游经营者拒绝承担责任或无法达成协议，消费者可以寻求法律途径，通过法庭或仲裁等方式维护自己的权益。

需要注意的是，具体的法律保障和赔偿责任可能因国家和地区的法律体系和规定而有所不同。消费者在参与生态型露营旅游时，应了解当地的法律法规和相关政策，以便在需要时维护自己的权益。在遇到问题或纠纷时，建议寻求消费者保护机构的帮助，以便获得专业的指导和支持。消费者还可以考虑购买旅行保险，以在发生意外或损失时获得经济上的补偿。

二、违约责任

如果旅游经营者未能按照合同约定履行义务，导致消费者遭受损失，消费者有权要求旅游经营者承担违约责任。违约责任可能包括退还已支付的费用、赔偿因违约而产生的损失等。

（一）违约责任的退还

如果旅游经营者未能提供合同约定的服务或未能按照约定的时间提供服务，消费者有权要求退还已支付的费用。旅游经营者应该返还消费者已支付的费用，以补偿消费者因违约而遭受的损失。

（二）违约责任的赔偿

如果旅游经营者的违约行为导致消费者遭受经济损失或其他实际损害，消费者有权要求旅游经营者承担赔偿责任。赔偿金额可能包括消费者因违约而直接遭受的损失，如额外费用、行程中断导致的损失等。

（三）违约责任的违约金

合同中通常会约定一些违约金条款，用于约束旅游经营者不履行合同义务的行为。如果旅游经营者未能按照约定履行义务，消费者有权要求支付约定的违约金作为补偿。

（四）违约责任的法律诉讼

如果旅游经营者不同意承担违约责任或拒绝履行赔偿义务，消费者可以通过法律途径提起诉讼，寻求法院判决旅游经营者承担违约责任并给予赔偿。

需要注意的是，消费者在主张违约责任时应保留相应的证据，如合同、支付凭证、通信记录、损失证明等。此外，消费者应及时行使自己的权利，采取适当的法律行动，以维护自己的权益。在遇到违约纠纷时，消费者可以咨询专业的法律机构或律师，以获取法律建议和支持。

三、服务质量责任

在生态型露营旅游中，旅游经营者对提供的服务质量负有责任。如果因旅游经营者的过错或疏忽导致消费者遭受人身伤害或财产损失，消费者有权要求旅游经营者承担相应的责任，并赔偿其遭受的损失。

（一）安全责任

旅游经营者应确保提供的露营场所和设施符合安全标准，并采取必要的安全措施，如防火、防盗、防溺水等，以保障消费者的人身安全。如果因旅游经营者未能提供安全环境导致消费者受伤或遭受其他损失，旅游经营者应承担相应的责任，并赔偿消费者的损失。

（二）信息披露责任

旅游经营者应向消费者提供真实、准确和完整的信息，包括旅游目的地的环境状况、活动安排、服务标准等。如果旅游经营者故意隐瞒重要信息或提供虚假宣传，导致消费者受到损失，旅游经营者应承担相应的责任，并赔偿消费者的损失。

（三）赔偿责任

如果消费者因旅游经营者的过错或疏忽而遭受人身伤害或财产损失，旅游经营者应承担相应的赔偿责任。赔偿责任包括支付医疗费用、赔偿治疗期间的经济损失、修复或赔偿财产损失等。

在维护自己的权益时，消费者应注意保留相关证据，如合同、支付凭证、通信记录、照片等，以便证明自己的主张。此外，消费者还可以咨询律师或消费者权益保护组织，获得专业的法律建议和支持。

需要强调的是，不同国家和地区的法律法规可能存在差异，消费者在面临纠纷时应根据当地的法律规定和程序采取相应的行动。此外，消费者也应在选择生态型露营旅游服务时选择有信誉的旅游经营者，仔细阅读合同条款，并保留相关证据，以便在需要时维护自己的权益。

四、消费者权益保护法律保障

在许多国家和地区，消费者权益保护法律为消费者提供了一定的保障，包括旅游消费者。这些法律规定了消费者的权益和权利，并规定了旅游经营者的责任和义务。消费者可以依据相关法律规定，要求赔偿损失或寻求其他法律救济。

（一）了解自己的权益

如果消费者遇到与生态型露营旅游相关的消费纠纷，他们可以寻求法律援助来维护自己的权益。法律援助机构提供免费或低费的法律咨询和代理服务，帮助消费者理解和行使自己的权益。消费者可以咨询法律援助机构，了解适用的法律和法规，获得有关维权的指导和支持。

集体诉讼权益。在某些情况下，消费者可以参与集体诉讼来保护自己的权益。集体诉讼是一种集体行动，由多个消费者共同起诉旅游经营者，以解决共同的问题和争议。这种方式可以有效地提高消费者的议价能力和维权效果。

仲裁和调解权益。在某些情况下，消费者可以选择仲裁或调解来解决与旅游经营者的争议。仲裁是一种非诉讼的争议解决方式，消费者可以通过仲裁机构进行争议解决，避免烦琐的法律诉讼过程。调解是一种通过协商和调解来解决争议的方式，可以帮助消费者和旅游经营者达成互利共赢的解决方案。

消费者权益保护组织。许多国家和地区设有专门的消费者权益保护组织，致力于维护消费者的权益和权利。这些组织提供法律咨询、投诉处理、调解和培训等服务，为消费者提供全方位的支持和保护。

消费者在生态型露营旅游中享有多项权益，并受到相关法律的保护。了解自己的权益和权利，可以帮助消费者更好地维护自身权益，确保获得公平、安全和优质的旅游体验。如遇到问题，消费者可以寻求法律援助、参与集体诉讼、选择仲裁或调解，并借助消费者权益保护组织的支持，维护自己的权益。

（二）保留合同和收据

保留生态型露营旅游的合同、发票和支付凭证等重要文件是保护消费者权益的关键步骤。

证明旅游合同的存在和内容。合同是消费者与旅游经营者之间达成的法律约定，明确双方的权益和责任。通过保留合同，消费者可以证明旅游服务的具体内容、价格、付款方式、取消和变更政策等重要条款，以避免纠纷和争议的发生。

提供纠纷解决的证据。如果发生纠纷或投诉，保留合同和相关文件可以作为证据来支持消费者的主张。合同中的条款和约定可以成为消费者维权的重要依据，帮助消费者证明自己的权益和要求赔偿。

确认支付的凭证。支付凭证，如收据、付款记录和银行对账单，可以证明消费者已经支付了旅游费用。这些凭证是消费者主张退款或要求赔偿时的重要依据，有助于消费者证明支付的事实和金额。

追溯消费过程和问题发生的时间。保留相关文件可以帮助消费者追溯消费过程和问题发生的时间。消费者可以通过合同、发票和支付凭证等文件，回顾旅游活动的安排、服务质量和问题发生的时间点，有助于消费者准确叙述投诉的事实和细节。

维护消费者的证据权益。根据法律规定，消费者有权保留相关文件作为证据，并在必要时提供给相关机构或法庭。保留文件可以帮助消费者维护自己的证据权益，确保在维权过程中具备足够的证据来支持自己的主张。

为了妥善保存这些重要文件，消费者可以考虑以下措施：第一，建立电子备份，将合同、发票和支付凭证扫描或拍照，并保存在电子设备或云存储中。这样即使纸质文件遗失或损坏，仍然可以通过电子备份来提供证据。第二，分类整理文件，根据不同的旅游活动和时间段，将文件进行分类整理，便于日后查找和使用。第三，保持文件的完整性。尽量避免涂改或损坏文件，确保文件的完整性和可读性。如有必要，可以使用文件夹、文件夹套和透明文件袋等保护文件。第四，妥善存放文件。选择一个安全、干燥和不易受损的存放位置，避免直接阳光照射和潮湿环境，以防止文件的损坏和褪色。第五，标注文件存放位置。对于纸质文件，可以标注存放位置和日期，以便在需要时快速找到所需文件。第六，保留文件的时限。根据当地法律法规和相关规定，确定保留文件的时限。一般而言，建议至少保留文件一年，以便在此期间内提出投诉或争议。第七，咨询专业人士。如有疑问或需要进一步的法律咨询，消费者可以咨询专业律师或相关机构，以获取准确和全面的建议。

总之，保留合同、发票和支付凭证等生态型露营旅游相关文件是消费者保护自身权益的重要措施。通过了解自己的权益和权利，并妥善保存相关文件，消费者可以更好地维护自己的合法权益，并在需要时寻求法律救济。

（三）及时投诉和寻求解决

如果遇到问题或不满意的服务，应及时与旅游经营者沟通，并尽量在合理时间内解决。如果无法得到满意解决，可以向相关的消费者保护机构或行业协会投诉。

直接沟通。首先，消费者可以直接与旅游经营者进行沟通，表达对服务的不满和问题，并提出合理的要求。通过有效沟通，尽可能解决问题并达成双方的共识。

记录细节。在与旅游经营者沟通的过程中，消费者应尽量详细地记录沟通的时间、地点、内容和结果。这些记录可以作为日后投诉和解决的依据，并有助于保护消费者的权益。

寻求消费者保护机构的帮助。如果直接与旅游经营者沟通未能解决问题，消费者可以联系相关的消费者保护机构，如消费者协会、消费者权益保护委员会等。这些机构可以提供咨询和调解服务，并协助解决消费者与旅游经营者之间的纠纷。

报案和起诉。在严重的情况下，消费者可以向执法机构报案，并寻求法律救济。消费者可以咨询律师，了解自己的法律权益，并根据具体情况考虑是否提起诉讼。

借助社交媒体和在线评论平台。消费者可以利用社交媒体和在线评论平台，公开分享自己的消费经历和不满意的服务。这可以促使旅游经营者引起重视，并可能引起其他消费者的关注和警惕。

提高自身法律意识。消费者可以通过学习相关的法律法规和消费者权益保护知识，提高自身的法律意识和权益保护能力。这样可以更好地了解自己的权益和权利，并在遇到问题时采取适当的行动。

总之，及时投诉和寻求解决是生态型露营旅游消费者保护自身权益的重要措施。消费者应勇于表达不满和问题，并利用适当的渠道寻求帮助和解决方案。同时，提高自身的法律意识和权益保护能力，有助于保护消费者在生态型露营旅游中的权益。

（四）寻求法律援助

如果消费者认为自己的权益受到侵害，可以咨询并寻求法律援助，如律师或消费者权益保护组织。

律师咨询。消费者可以寻求专业律师的咨询，特别是具有相关领域经验的律师。律师可以评估案件的法律依据和可行性，并为消费者提供法律建议和指导。律师还可以代表消费者与旅游经营者协商或履行法律程序。

法律援助组织。消费者可以联系消费者权益保护组织或法律援助机构，寻求法律援助和支持。这些组织通常提供免费或低成本的法律咨询和代理服务，以帮助消费者维护自身权益。消费者可以咨询当地的法律援助组织，了解他们的服务范围和条件。

法律救济途径。如果消费者的权益无法通过协商解决，他们可以考虑通过法律途径寻求救济。这可能包括向法院提起诉讼或参与仲裁程序。消费者可以咨询律师或相关机构，了解适用的法律程序和救济途径。

证据收集和准备。在寻求法律援助之前，消费者应尽可能收集和整理与案件相关的证据和文件。这可以包括合同、收据、通信记录、照片、视频等。准备充分的证据将有助于律师或法律援助组织评估案件，并为法律程序提供支持。

遵守法律程序和时效性。消费者在寻求法律援助时应了解相关法律程序和时效性的要求。不同的法律程序可能有不同的时限和程序步骤，消费者应与律师或法律援助组织密切合作，确保案件按照适用的法律程序进行。

寻求集体诉讼。如果多个消费者受到相同的侵害或遇到类似的问题，消费者可以考虑寻求集体诉讼。集体诉讼可以增加消费者的影响力和资源，增加胜诉的机会。消费者可以与其他受影响的消费者联络，寻求律师或消费者权益保护组织的支持，共同发起集体诉讼。

其他法律救济措施。除了诉讼和仲裁外，消费者还可以考虑其他法律救济措施。这可能包括投诉相关的监管机构、行业协会或消费者保护组织，寻求调解、调查或其他行政手段来解决问题。消费者可以咨询律师或法律援助组织，了解适用的法律救济措施和程序。

记录和保存相关文件。在寻求法律援助的过程中，消费者应妥善记录和保存与案件相关的文件和证据。这包括合同、通信记录、支付凭证、照片、医疗报告等。这些文件将成为法律援助和法院程序的重要证据。

遵守法律法规。在寻求法律援助时，消费者应遵守相关的法律和法规。消费者在与律师或法律援助组织合作时应如实提供信息，并遵循他们的指导和建议。

总的来说，寻求法律援助是保护消费者在生态型露营旅游中权益的重要手段。消费者可以咨询律师、寻求法律援助组织的支持，遵循法律程序，收集和准备相关证据，并与其他受影响的消费者合作，以维护自身权益。同时，消费者也应保持对法律的了解，并遵守相关法律法规的要求。

第三节　旅游纠纷解决机制法律法规

生态型露营旅游纠纷解决机制是指用于解决生态型露营旅游消费者与旅游经营者之间纠纷的程序和机构。这些机制旨在提供有效的解决方案，保护消费者的权益，并促进旅游市场的健康发展。

一、协商和调解

协商和调解是解决旅游纠纷的常用方法。双方可以通过直接沟通或第三方的调解来寻求解决方案。协商和调解的优点是快速、灵活，并且可以根据双方的需求和利益进行调整。

（一）快速解决

协商和调解通常比诉讼过程更快速。双方可以随时协商解决纠纷，不需要等待法庭开庭审理。这对于双方来说是一个节省时间和精力的选择，尤其是在纠纷问题较小或争议不复杂的情况下。

（二）灵活性和自主性

协商和调解允许双方自主地寻找解决方案，并根据具体情况进行灵活调整。双方可以共同商讨，并提出各自的意见和建议。与法律程序相比，协商和调解更加灵活，可以更好地满足双方的特定需求和利益。

（三）保持关系

协商和调解强调双方的合作和和解，有助于维护双方之间的关系。在诉讼过程中，双方往往会对立起来，关系可能会进一步恶化。而协商和调解更注重解决问题和达成共识，有助于双方保持良好的合作关系。

（四）保密性

协商和调解通常具有保密性，双方可以自由地讨论和交换意见，而无须担心信息泄露。这对于双方来说是一个重要的优势，尤其是在处理商业秘密或敏感信息的纠纷时。

（五）成本效益

协商和调解通常比诉讼过程更经济。在法律程序中，双方需要支付律师费、诉讼费和其他相关费用。而协商和调解的成本通常较低，并且双方可以共同分担费用，降低解决纠纷的经济负担。

总体而言，协商和调解是一种灵活、快速、经济的纠纷解决方式，适用于大部分生态型露营旅游纠纷。消费者应充分了解自己的权益和权利，积极参与协商和调解过程，以保护自身的合法权益。如果协商和调解未能解决纠纷，消费者仍可以考虑其他纠纷解决方式，如仲裁或法律诉讼。

二、投诉处理机构

许多地区设立了旅游投诉处理机构，专门负责处理旅游纠纷。消费者可以向这些机构提交投诉，并由专业人员进行调查和解决。投诉处理机构通常会协助消费者与旅游经营者进行协商，推动双方达成解决方案。

（一）旅游消费者协会

许多地区设有专门的旅游消费者协会，为消费者提供投诉处理服务。这些协会通常与相关政府部门合作，致力于维护消费者权益。消费者可以向该协会提交投诉，并得到专业人员的协助和支持。

（二）旅游监管机构

许多国家和地区设立了旅游监管机构，负责监督和管理旅游业务。这些机构通常负责处理旅游纠纷，并采取必要的调查和解决措施。消费者可以向旅游监管机构提交投诉，并获得合法的保护和支持。

（三）消费者权益保护机构

许多国家和地区设有消费者权益保护机构，负责保护消费者的权益和维护公平交易环境。这些机构通常接受消费者的投诉，并通过调解、仲裁或法律诉讼等方式解决纠纷。消费者可以向该机构咨询和寻求帮助。

（四）旅游仲裁机构

一些地区设立了旅游仲裁机构，专门处理旅游纠纷。旅游仲裁机构由独立的仲裁员组成，根据相关法律和规定处理纠纷，并作出具有法律约束力的仲裁裁决。消费者可以选择将纠纷提交给旅游仲裁机构进行处理。

（五）在线投诉平台

一些国家和地区提供在线投诉平台，允许消费者通过网络提交投诉。这些平台通常与相关的监管机构或消费者权益保护机构合作，提供方便快捷的投诉渠道。消费者可以通过在线平台提交投诉，并等待相关机构的处理和解决。

在处理投诉过程中，消费者应保持耐心和合作的态度，并遵守投诉处理机构的规定和程序。不同的投诉处理机构可能有不同的时间要求和决策程序，消费者需要理解和接受这些规定。最终的解决方案可能是通过协商、调解、仲裁或法律诉讼等方式实现的，消费者应根据具体情况选择最适合自己的解决途径。

三、消费者仲裁

消费者仲裁是一种独立的、非正式的纠纷解决机制。在仲裁过程中，消费者和旅游经营者将争议提交给第三方仲裁机构，由仲裁员进行调查和裁决。仲裁通常更迅速、经济，并且具有强制执行力。

（一）独立性和中立性

消费者仲裁机构是独立于旅游经营者和消费者的第三方机构，其仲裁员也是独立于双方的中立人员。这确保了仲裁过程的公正和中立性，消费者可以相对客观地得到裁决。

（二）快速和高效

相比于法律诉讼程序，消费者仲裁通常更迅速和高效。仲裁过程不受法庭的繁忙程度和审理时间的限制，可以在较短的时间内完成。这对于解决旅游纠纷来说是非常重要的，可以帮助消费者尽快得到解决和赔偿。

（三）经济性

相较于法律诉讼，消费者仲裁的费用通常较低。消费者仲裁机构会根据纠纷的性质和规模收取一定的仲裁费用，但与律师费、法庭费和长期诉讼过程相比，费用较为可控。此外，双方可以共同分担仲裁费用，降低消费者的经济负担。

（四）强制执行力

仲裁裁决具有强制执行力，一旦裁决作出，双方均有义务遵守并履行。消费者可以通过法律程序强制执行裁决结果，包括追回应得的赔偿款项。这确保了仲裁裁决的权威性和有效性。

（五）私密性

消费者仲裁过程通常具有保密性，不同于公开的法庭审理。双方可以在私下进行仲裁，保护个人隐私和商业秘密，避免纠纷的公开曝光。这对于双方来说是一个重要的优势，尤其是在涉及商业纠纷或敏感信息的情况下。

消费者仲裁是一种自愿选择的纠纷解决方法，消费者和旅游经营者可以在纠纷发生时共同选择仲裁作为解决途径。在选择仲裁机构时，消费者应注意选择具有良好声誉和专业能力的机构，并了解其规则和程序。

四、法律诉讼

在一些严重的纠纷情况下，消费者可以选择通过法律诉讼来解决纠纷。消费者可以向法院提起诉讼，通过法律程序解决争议。法律诉讼通常需要更长的时间和更高的成本，但它提供了一种权威的解决途径，并可以强制执行裁决。

（一）权威性和强制性

法律诉讼是通过司法系统解决纠纷的权威途径。法院的裁决具有法律约束力，双方必须遵守法院的判决。这意味着消费者可以通过法律程序强制执行裁决，并要求对方履行法律义务。

（二）公正和公平

法庭是一个中立和公正的机构，可以提供公正和公平的审理环境。法官将根据相关法律和证据作出判决，确保双方的权益得到平等对待。消费者可以在法庭上提供证据，并通过律师代表自己的利益。

（三）法律程序

法律诉讼通常遵循一系列规定的法律程序。这包括起诉、答辩、证据收集、庭审和判决等程序。消费者可以通过律师的帮助理解和参与法律程序，确保自己的权益得到维护。

（四）复杂性和时间成本

相对于其他解决方法，法律诉讼可能更为复杂且耗时。法律程序可能需要多个阶段和多次庭审，可能会涉及大量的文件和证据收集。此外，法律诉讼可能需要较长的时间来等待法院的审理和判决。

（五）经济成本

法律诉讼可能涉及较高的经济成本，包括律师费、法庭费、专家证人费用等。消费者需要权衡纠纷的严重性和可能的赔偿金额，以决定是否选择法律诉讼作为解决途径。在一些国家和地区，可能有相关的法律援助制度，为经济困难的消费者提供法律援助。

尽管法律诉讼是一种正式的解决方法，但它通常用于较为严重和复杂的纠纷。消费者在选择法律诉讼前应仔细考虑时间、成本和可能的结果。可以咨询律师，了解相关的法律规定和诉讼程序，以便作出明智的决策。

五、行业协会介入

行业协会在促进行业发展和维护行业规范方面发挥着重要作用。消费者可以向相关的行业协会寻求帮助和介入，协助解决纠纷。行业协会通常具有权威性和专业性，并可以通过制定行业准则和标准来规范旅游经营者的行为。

（一）提供信息和教育

行业协会可以向消费者提供关于生态型露营旅游的信息和教育，帮助消费者了解自己的权益和权利。他们可以发布相关的行业准则、指南和宣传材料，向消费者提供旅游规划和消费建议。

（二）协调和调解

行业协会可以作为中立的第三方介入纠纷，并协助双方进行协商和调解。他们可以提供专业的咨询和建议，帮助消费者和旅游经营者寻找解决方案，并推动双方达成共识。

（三）监督和监管

行业协会可以对旅游经营者的行为进行监督和监管，确保他们遵守行业准则和标准。如果消费者对旅游经营者的服务质量或行为有投诉，行业协会可以调查并采取相应的纠正措施。

（四）纠纷解决机制

行业协会可以建立和管理纠纷解决机制，提供消费者和旅游经营者之间的争议解决渠道。这些机制可以通过调解、仲裁或其他形式来解决纠纷，并确保公正、快速和有效的解决方案。

（五）培训和认证

行业协会可以为旅游经营者提供培训和认证计划，提高他们的专业素养和服务质量。这有助于提升整个行业的标准和形象，减少纠纷的发生。

通过行业协会的介入，消费者可以得到专业的支持和指导，提高解决纠纷的效率和公正性。行业协会的作用还包括推动行业发展、加强行业自律和规范，以及促进消费者权益的保护。消费者可以咨询相关的行业协会，了解他们的服务和支持，并在需要时寻求帮助。

第八章 生态型露营旅游法律法规落地与实施问题分析

第一节 法规执行与监督机制问题

一、缺乏专门的法律法规

随着乡村振兴战略的推进，生态型露营旅游成了备受关注的旅游业态，其特点在于以自然环境为主题，以带有环保意识的营地设施为依托，实现人与自然的和谐共生。虽然生态型露营旅游市场具有广阔的发展前景，但也存在着不少问题，其中之一就是缺乏专门的法律法规。

目前，我国尚未出台专门的生态型露营旅游法律法规，生态型露营旅游行业的管理主要依据《中华人民共和国旅游法》《中华人民共和国消费者权益保护法》等相关法律法规进行。然而，这些法律法规并未对生态型露营旅游行业的特点进行专门规定和说明，导致对生态型露营旅游行业的管理存在一定困难。

首先，由于缺乏专门的法律法规，生态型露营旅游行业的发展受到了限制。这是因为在没有专门的法律法规支持下，政府部门对生态型露营旅游的管理往往是"跟进式"的，难以在早期对生态型露营旅游行业进行有针对性的管理和规范，从而制约了生态型露营旅游行业的发展。

其次，缺乏专门的法律法规也会导致生态型露营旅游行业的管理不够科学、规范、有序。目前，生态型露营旅游行业的标准和规范主要是由行业协会或企业自主制定的，但这些标准和规范不具备法律效力，难以对生态型露营旅游行业进行有效的监管和管理，容易出现管理混乱和乱象。

最后，缺乏专门的法律法规也会影响生态型露营旅游行业的品牌建设。品牌建设是生态型露营旅游企业提高知名度、增强竞争力的重要手段，但在缺乏专门的法律法规的情况下，品牌建设往往受到了一定的制约。因为在缺乏相关法律法规的支持下，企业在品牌建设过程中可能会受到侵权、恶性竞争等问题的困扰，这会对企业的品牌形象和声誉造成不利影响。

二、标准化管理不足

当前，生态型露营旅游已成为国内旅游市场的重要组成部分，具有广阔的发展前景。然而，随着生态型露营旅游的快速发展，一些问题也逐渐浮现出来，其中之一就是标准化管理不足。

目前，生态型露营旅游行业的标准化管理尚不完善，缺乏统一的标准和规范。在缺乏专门的法律法规的情况下，生态型露营旅游企业通常是根据行业协会的标准和自身经验来制定营地规划、设备配置、服务质量等方面的标准和规范。然而，由于缺乏权威性的标准和规范，不同企业之间标准和规范存在差异，导致行业标准化管理不够科学、规范、有序。缺乏标准化管理的主要问题表现在以下三个方面。

（一）环保意识不强

生态型露营旅游是一种以自然环境为主题的旅游方式，旨在让人们在享受自然美景的同时，更好地体验自然环境，体现出对环保理念的强调。然而，在生态型露营旅游的发展过程中，环保问题也逐渐浮现出来。这是因为在缺乏标准化管理的情况下，一些生态型露营地的环保意识不够强烈，存在过度采伐、乱倒垃圾、乱扔烟蒂等问题。这些问题不仅违反了环保法律法规，也会对自然环境造成不良影响，破坏生态平衡，危害地球生态环境的可持续发展。

生态型露营旅游行业的环保问题主要表现在以下几个方面：

1. 自然环境破坏

生态型露营旅游的核心是以自然环境为主题，因此保护自然环境是该行业的核心任务。然而，在缺乏标准化管理的情况下，一些生态型露营地的环保意识不够强烈，存在过度采伐、乱倒垃圾、乱扔烟蒂等问题，导致自然环境受到破坏。例如，一些露营地为了扩大营地面积，过度砍伐树木，破坏了当地的生态平衡，影响了生态环境的可持续发展。

2. 垃圾处理不当

在生态型露营旅游过程中，游客产生的垃圾难免会对自然环境造成一定的污染。然而，在缺乏标准化管理的情况下，一些露营地的垃圾处理不当，存在乱倒垃圾、乱丢烟蒂等问题，导致垃圾囤积、环境污染等问题。这些行为严重影响了自然环境的卫生和美观，损害了游客的体验感和生态型露营旅游的形象。

3. 环保设施不完善

环保设施是保护生态环境的重要手段，对于生态型露营旅游行业也不例外。然而，在缺乏标准化管理的情况下，一些生态型露营地的环保设施不完善，缺乏垃圾分类设施、缺乏污水处理设备等问题比较普遍。这些设施的缺失不仅对环境造成污染，也会影响游客的体验感和生态型露营旅游的形象。例如，一些露营地没有垃圾分类设施，导致生活垃圾难以处理，增加了垃圾处理的难度和成本，同时也给自然环境带来了不必要的污染。

（二）服务质量参差不齐

服务质量是生态型露营旅游企业保持消费者满意度和忠诚度的关键因素之一，也是企业提升市场竞争力的重要手段。因此，生态型露营旅游企业必须致力于提高服务质量，以满足消费者对于旅游服务品质不断提高的需求。

在缺乏标准化管理的情况下，一些生态型露营旅游企业的服务质量参差不齐，主要表现在以下几个方面：

1.服务不规范

一些生态型露营旅游企业对服务流程、服务标准等方面缺乏规范化的管理，导致服务不统一、服务质量参差不齐。例如，一些生态型露营地在接待游客、提供餐饮服务等方面缺乏标准化的流程和标准，导致游客的服务体验存在不确定性和不可预测性，影响了消费者对于生态型露营旅游企业的信任和满意度。

2.服务水平不高

一些生态型露营旅游企业对于服务人员的培训和管理不够重视，导致服务人员的服务水平不高。服务人员的不专业、不耐心、不热情等问题会直接影响消费者对于生态型露营旅游企业的评价和满意度。因此，生态型露营旅游企业应该通过培训、激励等方式提高服务人员的服务水平，提高消费者的满意度和忠诚度。

3.服务态度不好

一些生态型露营旅游企业存在服务态度不好的问题，比如服务人员不礼貌、不友好、不热情等问题。这些问题会直接影响消费者的旅游体验和消费心理，降低消费者对于生态型露营旅游企业的好感度和忠诚度。因此，生态型露营旅游企业应该加强服务人员的培训，增强其服务意识和服务态度，使其更好地服务消费者。

生态型露营旅游企业的服务质量不仅直接影响消费者的旅游体验和消费心理，也关系到企业的声誉和市场竞争力。

三、监管缺失

随着乡村振兴战略的推进，生态型露营旅游成了备受关注的旅游业态。这种旅游方式强调自然环境和生态保护，符合现代人们对绿色生活和健康休闲的需求。然而，生态型露营旅游行业的监管存在缺失，导致一些企业存在安全隐患、服务不规范等问题。这些问题不仅影响消费者的旅游体验，也会对行业的健康发展带来负面影响。因此，加强监管是保障消费者权益和行业健康发展的必要条件。

（一）监管部门不够完善

当前，生态型露营旅游行业的监管主要由旅游主管部门、环保主管部门、公安等多个部门共同负责。然而，由于生态型露营旅游行业的特殊性，监管部门和机制不够完善，导致监管存在一定的滞后性和局限性。一些行业内部人士表示，由于监管机构的不同职能和权责不清晰，部分企业存在安全隐患、服务不规范等问题。

（二）监管力度不足

虽然监管部门对生态型露营旅游行业进行了一定程度的监管，但是实际上监管力度还不足，监管覆盖面还不够广泛。一些企业因此存在规避监管的情况，可能会对消费者权益造成损害。此外，监管力度不足还可能导致一些企业不重视安全管理、环保问题，或是存在虚报资质、乱收费等行为。

（三）法律法规不够完善

在生态型露营旅游行业中，相关法律法规的制定和完善也是监管的重要内容。然而，目前我国尚未出台专门的生态型露营旅游法律法规，相关规定主要是根据旅游法、消费者权益保护法等相关法律法规进行监管。由于这些法律法规并未对生态型露营旅游行业的特点进行专门规定和说明，导致对生态型露营旅游行业的管理存在一定困难。同时，缺乏具体可操作的法律法规也会影响监管的实施效果。

（三）监管措施不够科学

在加强监管的过程中，监管措施的科学性也是重要的考量因素。然而，目前生态型露营旅游行业的监管措施不够科学，监管手段单一，监管方式简单粗暴。一些企业存在违规行为时，监管部门往往只是采取警告、罚款等方式进行处罚，而没有对企业的管理、经营模式、安全意识等方面进行全面、深入的考核和改进。这样的监管措施难以有效遏制企业的违规行为，也难以真正保障消费者的权益。

乡村振兴背景下生态型露营旅游行业的监管存在缺失。监管部门不够完善、监管力度不足、法律法规不够完善、监管措施不够科学等问题，都需要得到解决。只有加强监管，建立科学的监管体系和措施，才能真正保障消费者权益，促进生态型露营旅游行业的健康发展。

四、安全问题待解决

随着乡村振兴战略的实施，生态型露营旅游作为一种重要的旅游业态，得到了迅速发展。然而，在生态型露营旅游的发展过程中，安全问题逐渐浮现，成为困扰行业健康发展的重要问题。安全问题的解决需要依靠法律法规的制定和完善，同时也需要加强安全管理，增强游客自我保护意识，从而保障生态型露营旅游的安全。

（一）安全隐患存在

生态型露营旅游是一种以自然环境为主题的旅游方式，游客在露营地中进行野外生活和自然探索。然而，由于露营地点的选址、环境卫生、防范意识等方面存在不足，加上游客自身安全意识不够，容易导致安全事故的发生。例如，一些露营地位于陡峭的山坡上，容易发生滑坡等自然灾害；一些露营地设施老化、管理不善，存在电气火灾等安全隐患；一些游客在露营地中不遵守规定，乱丢垃圾、野火烧毁森林等行为也会导致安全事故的发生。

（二）安全管理不足

安全管理是保障生态型露营旅游安全的重要手段。然而，在缺乏标准化管理的情况下，一些露营地的安全管理存在不足，缺乏完善的安全设备和消防设施，管理人员缺乏专业知识和技能，安全意识不足等问题。这些问题导致安全管理的水平参差不齐，难以保障游客的安全。同时，由于生态型露营旅游行业缺乏统一的安全标准和规范，各个企业之间安全管理存在差异，行业标准化管理不够科学、规范、有序。

（三）法律法规不够完善

在生态型露营旅游行业中，相关法律法规的制定和完善也是保障行业安全的重要内容。然而，目前我国尚未出台专门的生态型露营旅游法律法规，相关规定主要是根据旅游法、消费者权益保护法等相关法律法规进行监管。由于这些法律法规并未对生态型露营旅游行业的特点进行专门规定和说明，对生态型露营旅游行业的管理存在一定困难。同时，缺乏具体可操作的法律法规也会影响监管的实施效果，难以有效保障生态型露营旅游的安全。

针对生态型露营旅游行业存在的问题，需要加强法律法规建设，制定相关标准和规范，加强监管和安全管理，规范行业秩序，保障消费者权益和行业健康发展。

第二节　法律法规宣传与培训问题

一、宣传活动

相关部门可以组织宣传活动，向公众宣传生态型露营旅游的法律法规和消费者权益保护。这可以包括举办研讨会、培训课程、宣传展览等形式，以增加公众对相关法律法规的认知和了解。

（一）研讨会和培训课程

组织研讨会和培训课程，邀请相关专家和律师就生态型露营旅游的法律法规进行讲解和解读。这些活动可以面向旅游从业人员、行业协会成员和相关管理人员，提供专业的培训和指导，以增加他们对法律法规的理解和遵守。

（二）宣传展览和活动

举办宣传展览和活动，以生动形象的方式展示生态型露营旅游的法律法规和消费者权益保护。展览可以包括图文展板、模型、实物展示等，通过视觉和触觉的方式吸引公众的关注，并提供相关宣传材料供参观者了解和领取。

（三）线上宣传

利用互联网和社交媒体平台进行线上宣传，以便更广泛地传达法律法规的信息。建立专题网页或专栏，发布相关的法律解读、政策解读和消费者案例，通过微博、微信、博客等社交媒体平台进行宣传推广，吸引公众的关注和参与。

（四）媒体合作

与各大媒体合作，包括电视、广播、报纸和网络媒体，通过新闻报道、专题节目、专栏文章等方式宣传生态型露营旅游的法律法规和消费者权益保护。通过媒体的力量，将相关信息传播给更广泛的受众群体，增加公众对法律法规的认知度。

（五）社区活动和讲座

利用社区活动和讲座的平台，向居民和社区成员传达生态型露营旅游的法律法规和消费者权益保护。在社区活动中设置专题讲座，邀请专业人士解读法律法规，回答公众的疑问，帮助他们了解自己的权益和责任。

（六）合作伙伴关系

与旅游经营者、行业协会、消费者组织等建立合作伙伴关系，共同推动生态型露营旅游法律法规的宣传。通过与旅游经营者合作，可以在其营地、旅游景区等场所张贴宣传海报、宣传单页，或者在他们的官方网站和社交媒体平台上发布相关信息。与行业协会合作，可以利用其网络资源和会员渠道，将法律法规的宣传推送到更多的从业人员和企业中。与消费者组织合作，可以共同举办宣传活动，向公众传递消费者权益保护的重要性，并提供相关的法律法规宣传资料。

二、宣传材料

制作和分发宣传材料，如手册、海报、宣传单页等，以简明扼要的方式介绍生态型露营旅游的法律法规和消费者权益。这些材料可以在旅游景区、旅行社、酒店等场所张贴和分发，提供给游客参考和学习。

（一）材料内容设计

生态型露营旅游是一种注重保护环境和可持续发展的旅游形式。在这种旅游方式中，游客可以亲近大自然，享受宁静与美景，同时致力于保护自然环境、生态系统和文化遗产。生态型露营旅游注重与自然的和谐相处，追求环境友好、资源节约和社会责任的目标。

为了确保生态型露营旅游的健康发展和游客的权益保护，一系列的法律法规被制定出来。这些法律法规包括相关法律条文、政策和指导文件，旨在规范旅游经营者的行为，保障消费者的权益。消费者在生态型露营旅游中拥有一系列权益，包括合同权益、安全权益、隐私权益等。合同权益确保消费者在与旅游经营者签订合同时享有充分的信息和合法权益，合同条款应明确约定旅游服务的内容、价格、取消和变更政策等。安全权益保障消费者在生态型露营旅游中的人身安全和财产安全，旅游经营者应提供安全可靠的露营场所和设施，并采取必要的安全措施。隐私权益保障消费者的个人信息不被非法获取、使用或泄露，旅游经营者应严格遵守相关法律法规，仅在合法和必要的情况下使用消费者的个人信息。

（二）图片和图表运用

在生态型露营旅游的法律法规宣传和培训中，图片和图表的运用可以增强信息的可视化效果，提升读者的兴趣和理解。

1.美景展示

使用吸引人的图片展示生态型露营旅游的美景和景点，包括壮丽的自然风光、独特的生物多样性和丰富的文化遗产。这些图片可以激发游客的兴趣和探索欲望，吸引他们了解更多关于生态型露营旅游的信息。

2.活动呈现

通过图片展示生态型露营旅游中的各种活动，如徒步远足、观鸟、野外拓展等。这些活动的图片可以传达出生态型露营旅游的乐趣和互动性，激发游客的参与欲望。

3.法律法规图表

使用图表和图示清晰的展示生态型露营旅游的法律法规内容，包括相关法律条文、政策和指导文件。通过图表的形式，将法律法规的重点内容以简明扼要的方式呈现，帮助读者更好地理解和记忆。

4.消费者权益图表

利用图表和图示清晰地展示消费者在生态型露营旅游中的权益，包括合同权益、安全权益、隐私权益等。通过可视化的方式，将消费者的权益以简明直观的形式展示出来，让读者一目了然。

5.环境保护图示

使用图示展示如何维护环境和保护自然资源，在图示中呈现垃圾分类、能源节约、环境保护等行为，引导读者采取环保的生活方式来进行旅游活动。

在制作这些图片或图表时，需要确保信息的准确性和可读性，使用直观的图形和简明的标注，避免过度复杂或混乱的设计。此外，要注意版权问题，确保使用的图片和图表符合相关的法律法规和授权规定。

通过精心设计和运用图片或图表，宣传材料可以更具吸引力和说服力，帮助游客更全面地了解生态型露营旅游的法律法规和消费者权益，鼓励他们积极参与并保护环境。

（三）易懂的语言和排版

为了让广大游客能够轻松理解生态型露营旅游的法律法规和消费者权益，宣传材料应使用简洁明了的语言，避免使用过多的法律术语和复杂的表述。

使用简单的词汇和短句。选择常用的词汇和短句，以确保易懂。避免使用专业术语或复杂的法律语言，或者在使用时解释其含义。

将信息分段和标号。使用清晰的标题和子标题将信息分段，使读者可以快速找到他们感兴趣的内容。使用标号或项目符号列出要点和关键信息，以增加可读性。

提供例子和案例。使用具体的例子和案例来说明法律法规和消费者权益的重要性和实际应用。这样可以帮助读者更好地理解和记忆相关概念。

使用图表和图示。将重要信息以图表和图示的形式呈现，可以更直观地展示复杂的概念和数据。要确保图表和图示的设计简洁明了，标注清晰。

强调关键信息。使用粗体、斜体或不同的字体颜色来强调关键信息和重要内容，可以帮助读者更快地获取关键要点。

避免文字过于密集。在排版时要留出足够的空白，使文字排列整齐、清晰可读。避免将过多的文字堆叠在一起，可以使用标题、子标题和段落来分隔内容。

通过使用易懂的语言和清晰的排版，宣传材料可以更好地传达法律法规和消费者权益的重要信息，使广大游客能够轻松理解和应用相关知识。这样可以促进生态型露营旅游的可持续发展，并保护游客的权益和环境的健康。

（四）提供相关联系方式

在宣传材料中提供相关部门、机构或组织的联系方式，如消费者保护机构、旅游投诉热线等。游客可以通过这些联系方式获取更多信息、咨询问题或提出投诉，增强宣传材料的互动性和实用性。

（五）宣传材料更新和定期检查

确保宣传材料的内容与最新的法律法规和政策保持一致。定期检查和更新宣传材料，以确保其准确性和时效性。

针对法律法规或消费者权益保护方面的重大变化，及时更新宣传材料，并将其通知相关的旅游业者和机构。

通过制作和分发宣传材料，可以提高公众对生态型露营旅游法律法规和消费者权益保护的认知和理解。同时，宣传材料还可以起到引导和教育的作用，帮助游客更好地享受生态型露营旅游的乐趣，保护自身权益，促进行业的健康发展。

三、网络宣传

利用互联网和社交媒体平台进行法律法规宣传。通过建立专题网页、发布微博、制作宣传视频等方式，向大众传播生态型露营旅游的法律法规和相关政策，提高公众的知晓度和关注度。

（一）建立专题网页

创建一个专门介绍生态型露营旅游法律法规的网页。网页应包括清晰简洁的内容，涵盖法律法规的基本知识、相关政策和指导文件。网页设计应美观、易读，方便用户浏览和获取信息。

（二）发布微博和社交媒体内容

通过微博、微信公众号、脸书等社交媒体平台，定期发布有关生态型露营旅游法律法规的内容。内容可以包括法律法规的解读、消费者权益的保护、案例分析等。同时，结合图片和短视频，增加内容的吸引力和可读性。

（三）制作宣传视频

制作生态型露营旅游法律法规的宣传视频，通过生动的图像、文字和音频，向公众传达法律法规的重要内容和消费者的权益。视频可以在专题网页和社交媒体平台上发布，引起用户的注意和兴趣。

（四）举办网络研讨会和培训课程

利用网络平台，组织在线研讨会和培训课程，邀请专家、律师和相关机构的代表分享生态型露营旅游法律法规的知识和经验。通过互动交流和实例分析，帮助公众更好地理解和应用法律法规。

（五）提供常见问题解答

在专题网页和社交媒体平台上设立问答板块或提供在线咨询服务，回答公众关于生态型露营旅游法律法规的常见问题。通过及时解答疑问，增加公众对法律法规的理解和遵守度。

（六）联合合作伙伴进行宣传

与相关旅游景区、旅行社、环保组织等合作，共同宣传生态型露营旅游的法律法规和环境保护相关知识。通过合作伙伴的影响力和资源，扩大宣传的范围和影响力。

（七）制作用户指南和下载资料

提供用户下载的生态型露营旅游法律法规指南和相关资料，方便他们随时查阅和学习。这些指南和资料可以包括生态型露营旅游的基本法律法规概述、消费者权益保护的指引、安全注意事项、环境保护指南等。用户可以在专题网页或社交媒体平台上下载这些资料，或者通过电子邮件等方式向他们提供。

（八）利用搜索引擎优化

通过针对性的关键词优化，提高专题网页在搜索引擎结果中的排名，使更多的用户能够找到相关的法律法规宣传内容。合理设置网页的标题、描述和关键词，增加网页的曝光度和点击率。

通过充分利用互联网和社交媒体平台进行生态型露营旅游法律法规的宣传，可以实现信息的广泛传播和公众的广泛参与。这种宣传方式具有成本低、传播速度快、互动性强等优势，能够有效提高公众对生态型露营旅游法律法规的知晓度和遵守度，促进行业的健康发展。

四、媒体报道

与媒体合作，进行法律法规宣传和报道。可以通过电视、广播、报纸和网络媒体等渠道，向公众介绍相关的法律法规背景、实施情况和消费者案例，增加公众对法律法规的关注和理解。

（一）建立媒体合作关系

与电视台、广播台、报纸和网络媒体等建立合作关系，与其进行沟通和协商，明确宣传目标和宣传内容。可以与媒体签署合作协议，明确宣传方式、时间和频次等具体事项。

（二）发布新闻稿件

准备相关的新闻稿件，包括生态型露营旅游法律法规的重要政策和法规，消费者权益保护的案例和故事等。将新闻稿件发送给媒体，请求其进行报道和刊登，以扩大信息的传播范围。

（三）安排专访和访谈

邀请媒体进行专访或访谈，向公众介绍生态型露营旅游的法律法规和相关政策。可以邀请相关政府官员、法律专家、旅游从业者和消费者代表等参与专访和访谈，以不同角度和视角阐述法律法规的重要性和应用。

（四）撰写专栏文章

与媒体合作，撰写专栏文章，介绍生态型露营旅游的法律法规和消费者权益保护相关知识。文章可以包括案例分析、政策解读、实践经验分享等内容，以生动有趣的方式吸引读者的关注。

（五）参与电视和广播节目

积极参与相关的电视和广播节目，如访谈节目、专题报道等。通过现场讨论、解答观众问题等形式，向公众介绍生态型露营旅游的法律法规和权益保护相关知识，提供专业的意见和建议。

（六）利用社交媒体平台

通过自己的官方社交媒体账号或与媒体合作的社交媒体账号，发布法律法规宣传和相关信息。可以通过微博、微信公众号等平台，以文字、图片和视频等形式进行宣传，吸引更多的关注和参与。

（七）进行主题活动和讲座

组织法律法规宣传的主题活动和讲座，邀请媒体进行报道和报道。通过现场演讲、演示和互动环节，向参与者介绍生态型露营旅游的法律法规和消费者权益保护相关知识。这些活动可以在旅游景区、社区活动中心、大学校园等场所举办，吸引公众的参与和关注。

（八）制作宣传视频和短片

制作生态型露营旅游的宣传视频和短片，通过媒体渠道进行传播。视频可以包括对生态景区的介绍、游客的实际体验、法律法规的解读等内容，以生动的画面和音乐吸引观众的关注。

（九）媒体合作活动

与媒体合作举办宣传活动，如生态型露营旅游主题展览、摄影比赛等。邀请媒体参与和报道，通过媒体的影响力扩大宣传的覆盖范围，吸引更多的公众关注和参与。

（十）定期更新和互动

定期更新宣传材料和内容，与媒体保持密切联系。及时回应媒体和公众的关注和提问，通过互动的方式与公众进行沟通和交流，增加公众对生态型露营旅游法律法规的了解和认同。

通过与媒体的合作和宣传，可以更广泛地传播生态型露营旅游的法律法规和消费者权益保护相关知识，提高公众的知晓度和关注度。媒体作为信息传播的重要渠道，具有广泛的影响力，能够帮助将相关信息传递给更多的人群，促进公众的合法权益保护意识提升。

第三节　法律法规落实的挑战与对策

一、生态型露营旅游法律法规落实的挑战

尽管生态型露营旅游的法律法规制定了一系列保护消费者权益和环境的措施，但在实际落实过程中仍面临一些挑战。

（一）执法监管的难度

在生态型露营旅游领域，监管和执法往往面临困难。因为生态型露营旅游往往发生在自然环境中，监管部门需要在广阔的区域内进行监测和执法，对违法行为进行制止和处罚。但由于资源和人力的限制，执法难度较大，导致一些违规行为难以有效遏制。

（二）合规意识的薄弱

一些旅游经营者和游客对生态型露营旅游的法律法规了解不足，缺乏合规意识。他们可能忽视环境保护、安全管理和消费者权益保护的重要性，从而导致违规行为的发生。加强法律法规的宣传和培训，提高旅游经营者和游客的合规意识，是保障生态型露营旅游可持续发展的关键。

（三）地方政府的管理能力不足

生态型露营旅游往往涉及多个地方政府的管理和协调。不同地区之间的管理能力和资源投入可能存在差异，导致一些地方政府在执法和监管方面存在欠缺。加强地方政府的管理能力建设，推动区域间的协作与合作，能够更好地保障法律法规的有效落实。

（三）游客素质和行为的不规范

生态型露营旅游的发展与游客的素质和行为密切相关。一些游客存在破坏环境、乱丢垃圾、违规野营等不文明行为，给生态环境带来负面影响。教育游客尊重自然环境、遵守规则和法律，提倡可持续的旅游行为，是保障法律法规落实的重要环节。

（四）司法救济渠道的不畅通

对于消费者权益的保护，司法救济是一种重要的手段。但一些消费者可能由于知识不足、成本高昂或司法程序烦琐，不愿意通过法律途径寻求救济。这可能是因为他们认为费

时费力，或者对司法系统的信任度不高。所以，需要加强法律援助机构的建设，提供更便捷、高效的法律救济途径，以增强消费者对法律法规的信心。

（五）产业链各环节合作的挑战

生态型露营旅游涉及多个产业链环节，包括旅游景区、旅行社、酒店、交通运输等。各环节之间的合作和配合对于保障法律法规的落实至关重要。然而，由于各环节的利益诉求和管理方式的不同，可能存在合作难度和协调问题。需要加强产业链各方之间的沟通和合作，建立健全的协作机制，确保法律法规的贯彻执行。

（六）跨地区和跨国合作的挑战

生态型露营旅游常常涉及跨地区和跨国的合作。不同地区和国家的法律法规存在差异，协调各方的法律法规执行和监管面临困难。需要加强跨地区和跨国合作，制定统一的标准和准则，提升合作机制的效能，实现更高水平的法律法规协调与保护。

面对这些挑战，需要全社会共同努力，包括政府部门、企业、媒体和公众的参与。政府部门应加大监管和执法力度，提高管理能力和法律法规宣传的效果。企业应强化自律意识，加强内部管理，确保合规运营。媒体应发挥宣传和引导作用，加大对法律法规的宣传力度。公众应增强法律法规意识，自觉遵守规定，参与和推动生态型露营旅游的可持续发展。只有通过多方合作，共同努力，才能更好地落实生态型露营旅游的法律法规，实现可持续发展和消费者权益的保护。

二、生态型露营旅游法律法规的建设策略

随着乡村振兴战略的不断推进，生态型露营旅游作为一种新兴的旅游方式，受到越来越多游客的关注和喜爱。但随之而来的是行业发展的不规范、管理混乱等问题，需要制定和完善相应的法律法规，以保障消费者权益，促进行业健康有序发展。

（一）生态型露营旅游法律法规的建设路径

1.立法层面

生态型露营旅游行业需要制定一系列法律法规，以规范行业的发展。在立法层面，需要制定生态型露营旅游管理条例、生态型露营旅游服务标准、生态型露营旅游安全规定等一系列法规，以确保生态型露营旅游行业的健康有序发展。

首先，生态型露营旅游管理条例应该从多个方面对生态型露营旅游行业进行规范，例如对露营地选择、建设、管理、服务等进行明确规定，对露营者行为进行监管，确保其不对环境造成影响。此外，生态型露营旅游管理条例应该明确行业的管理机构和职责，确保行业的规范管理。

其次，生态型露营旅游服务标准应该从场地选择、设施设备、服务流程、安全管理等多个方面制定标准和规范，以提高行业的服务质量和管理水平。服务标准应该明确生态型露营旅游服务的质量、内容、范围、形式和标准，以及服务过程中的监督和评估机制，确保服务质量得到监管和保障。

最后，生态型露营旅游安全规定应该从露营地安全、游客安全等多个方面进行规定，确保游客的人身和财产安全。规定应该明确露营地应该满足哪些安全要求，游客应该遵守哪些安全规定，如何应对突发情况等，以提高行业的安全管理水平。

2. 标准制定

生态型露营旅游行业需要制定科学、系统的行业标准和规范，从多个方面对行业进行规范和指导，以促进行业的标准化和规范化发展。

首先，需要制定场地选择的标准和规范。露营地的选择对于生态型露营旅游的发展至关重要，制定相关标准和规范可以确保露营地的环境、位置、场地条件等符合游客的需求和要求，提高游客的体验和满意度。

其次，需要制定设施设备的标准和规范。生态型露营旅游需要依靠高质量、舒适的设施和设备来保障游客的基本需求，因此需要制定标准和规范以确保设施和设备的质量和安全。

再次，需要制定服务流程的标准和规范。生态型露营旅游需要提供高质量的服务，因此需要制定服务流程的标准和规范，确保服务流程的顺畅和高效，提高服务质量和游客的满意度。

最后，需要制定安全管理的标准和规范。生态型露营旅游需要确保游客的人身和财产安全，因此需要制定安全管理的标准和规范，确保露营地的安全设施和应急措施得到落实，游客的安全得到保障。

3. 行业自律

生态型露营旅游行业需要加强自律，建立行业协会、商会等组织，制定行业规范和标准，加强行业内部的监督和管理，促进行业健康发展。

首先，需要建立行业协会或商会，促进行业内部的合作和交流，组织行业内部的培训和学术交流等活动，推动行业的创新和发展。

其次，需要制定行业规范和标准，对行业内部的管理和服务进行规范和指导。行业规范和标准应该由行业协会或商会制定，并得到行业内部的广泛认可和遵守。

最后，需要加强行业内部的监督和管理，制定相关的监管机制和流程，加强对行业内部的违规行为的惩戒和处理，提高行业的管理水平。

4. 行业监管

生态型露营旅游行业需要建立健全的行业监管体系，加强对企业的监督和管理，发现问题及时处理，以保障消费者权益和促进行业的健康有序发展。

首先，需要建立生态型露营旅游行业监管机构，以确保行业的规范管理和监督。监管机构应该明确职责和权限，并建立相关的监管流程和机制，对行业内部的管理和服务进行监管和评估。

其次，需要加强对生态型露营旅游企业的监督和管理，建立健全的监管体系，对企业的营业执照、资质证书、消防、环保、安全等方面进行监管，发现问题及时处理和纠正。

再次，需要建立消费者投诉处理机制，及时处理消费者投诉和意见，保障消费者合法权益。同时，需要加强市场监管，打击不法经营行为，维护消费者的合法权益。

最后，需要加大执法力度，加大对不法经营行为的查处力度，加强执法的公正性和透明度，提高监管的有效性和可信度。

5. 人才培养

生态型露营旅游行业需要加强人才培养，提高人才素质和能力，吸引和培养具有国际化视野和背景的人才，为行业的国际化发展提供有力的人才保障。

首先，需要建立人才培养体系，包括培训课程、培训方式、培训机构等方面。人才培训应该覆盖行业的方方面面，包括管理、服务、安全、环保、文化等多个方面，以提高行业的整体素质和服务水平。

其次，需要加强国际化人才培养，吸引和培养具有国际化视野和背景的人才，为行业的国际化发展提供有力的人才保障。这些人才应该具备良好的外语和跨文化沟通能力，能够适应不同国家和地区的文化及市场需求。

最后，需要加强人才的激励机制，建立合理的薪酬体系和晋升机制，激励行业内部的人才竞争和创新，促进行业的快速发展和创新。

（二）生态型露营旅游法律法规的保障措施

建设生态型露营旅游法律法规的同时，需要建立完善的保障措施，以保障消费者权益和促进行业健康发展。

首先，需要建立消费者投诉处理机制，及时处理消费者投诉和意见，确保消费者合法权益得到保障。这包括建立投诉受理平台和快速响应机制，加强投诉处理的透明度和公正性，及时解决消费者的问题和疑虑，提高消费者满意度和信任度。

其次，需要加强安全监管，确保露营地的安全设施和应急措施得到落实。这包括加强安全教育和培训，制定应急预案和演练，提高行业内部的安全管理水平。

再次，需要加强市场监管，打击不法经营行为，维护消费者的合法权益。这包括加大对不法经营行为的查处力度，加强执法的公正性和透明度，建立黑名单制度和行业信用评价体系，提高市场的整体信用度和规范程度。

最后，需要加强行业创新和发展，促进生态型露营旅游行业的健康有序发展。这包括推动行业的技术创新和产品创新，提高行业的服务质量和创新能力，促进行业的国际化和可持续发展。

生态型露营旅游作为一种新兴的旅游方式，具有很大的发展潜力和市场前景。然而，行业的不规范和管理混乱等问题也随之而来。因此，我们需要加强生态型露营旅游法律法规的建设，建立健全的行业监管体系，加强行业自律和人才培养，以保障消费者权益和促进行业健康有序发展。同时，我们也需要加强市场监管和行业创新，推动生态型露营旅游行业的可持续发展，为人们提供更好的旅游体验和服务。

参考文献

[1] 冯凌，郭嘉欣，王灵恩．旅游生态补偿的市场化路径及其理论解析 [J]．资源科学，2020，42（09）：1816-1826．

[2] 蔡华杰．国家公园建设的政治生态学分析——以武夷山国家公园体制试点为例 [J]．兰州学刊，2020，（06）：23-33．

[3] 李亮，高利红．论我国重点生态功能区生态补偿与精准扶贫的法律对接 [J]．河南师范大学学报（哲学社会科学版），2017，44（05）：59-65．

[4] 邹建新．生态文明战略下资源型城市转型过程中的困境与策略 [J]．四川理工学院学报（社会科学版），2017，32（04）：81-100．

[5] 胡孝平．农业生态补偿长效机制建设研究——以苏州为例 [J]．中国农业资源与区划，2017，38（03）：136-142．

[6] 栗明，吴萍，陈吉利．公平、效益与和谐：社区参与生态旅游的法律价值及其实现 [J]．理论月刊，2015，（04）：151-155．

[7] 李国平，郭勇，刘大为．自然保护区管理效率评价研究——以牛背梁国家级自然保护区为例 [J]．旅游学刊，2015，30（03）：76-85．

[8] 何芳，孙花．"生态旅游"法典化之必要性研究 [J]．法治社会，2016，（06）：77-85．

[9] 张广海，师亚哲．国内旅游生态补偿研究进展与趋势分析 [J]．山西农业大学学报（社会科学版），2017，16（06）：49-55．

[10] 王劲松，杨阿莉．利益相关者视角下国家公园旅游生态补偿机制构建研究 [J]．中国经贸导刊（理论版），2018，（05）：18-20．

[11] 罗亚萍．旅游环境资源的参与式生态补偿机制 [J]．生态经济，2018，34（02）：186-189．

[12] 何静．美国生态旅游业发展经验及对中国的启示 [J]．世界农业，2018，（09）：45-51．

[13] 杨龙辉．日本生态旅游发展现状对我国的启示 [J]．中南林业科技大学学报（社会科学版），2016，10（04）：85-88．

[14] 刘琦．少数民族农业生态补偿制度优化与完善 [J]．贵州民族研究，2018，39（09）：9-12．

[15] 潘佳．生态保护补偿行为的法律性质 [J]．西部法学评论，2017，（02）：26-34．

[16] 刘阳.生态旅游的环境保护对策之研究[J].法制博览,2018,(05):202.

[17] 倪珊珊.生态旅游视域下旅游专业生态文明教育研究[J].黑龙江教育学院学报,2018,37(04):151-153.

[18] 赵英杰,明莉.鄱阳湖南矶湿地生态旅游法律问题研究[J].开封教育学院学报,2018,38(04):245-246.

[19] 孙花.生态旅游标准化的法律环境分析与制度构建[J].农村经济与科技,2018,29(06):58-59.

[20] 刘慧娴.生态旅游资源有偿使用法律制度研究[J].环境科学与管理,2017,42(08):24-28.

[21] 刘彬,刘红,龙艳玲.集体化乡村旅游发展模式的构成要素和规律特征[J].农业经济,2021,(02).

[22] 孙建捷.中国特色康养旅游发展模式浅析[J].住宅与房地产,2021,(14).

[23] 韦少凡.康养旅游发展模式研究[J].西部旅游,2021,(07).

[24] 崔敏.房车营地景观设计的地域性研究[D].西安:西安建筑科技大学,2018.

[25] 孟祥武,包涵,叶明晖.文化线路视角下的乡村整体活化策略探讨——以陇南北茶马古道平洛镇三村为例[J].小城镇建设,2019,37(08):79-86.

[26] 王永辉.对我国汽车露营地运营相关问题的思考[D].成都:四川师范大学,2007.

[27] 林立军,蔺国伟.河西走廊房车旅游发展及对策研究[J].河西学院学报,2018,34(01):66-71.

[28] 张婷.中国自驾游产业发展质量提升研究[D].天津:天津财经大学,2019.

[29] 陈烨.山地型景区帐篷露营地营建技术研究[D].福州:福建农林大学,2018.

[30] 陈学丽.基于自驾车旅游体验引导下的房车营地规划设计研究——以甘肃永昌县沙造林房车营地为例[J].居业,2019,(09):57-58.

[31] 张宁宁,粟晓玲,周云哲,等.黄河流域水资源承载力评价[J].自然资源学报,2019,34(08):1759-1770.

[32] 张丽洁.黄河流域水资源承载力评价研究[D].咸阳:西北农林科技大学,2019.

[33] 左其亭,张志卓,吴滨滨.基于组合权重TOPSIS模型的黄河流域九省区水资源承载力评价[J].水资源保护,2020,36(02):1-7.

[34] 刘峰.森林公园露营地旅游体验影响因素研究[D].长沙:中南林业科技大学,2018.

[35] 王丹.基于卡诺模型的露营地教育功能需求研究[D].上海:华东师范大学,2017.

[36] 闫淑君,曹辉.城市公园的自然教育功能及其实现途径[J].中国园林,2018,34(05):40-51.

[37] 杨婧祎.触媒理论视角下乡村旅游营地特色营造研究[D].昆明:昆明理工大学,2018.

[38] 刘晓东.自然教育学史论 [J].南京师范大学报（社会科学版），2016，（06）：113-120.

[39] 李鑫，虞依娜.国内外自然教育实践研究 [J].林业经济，2017，（11）：12-18.

[40] 陈静静，谈杨.课堂的困境与变革：从浅表学习到深度学习——基于对中小学生真实学习历程的长期考察 [J].教育发展研究，2018，（15-16）：90-96.

[41] 汤广全.儿童"自然缺失症"的危害及教育干预 [J].当代青年研究，2017，（06）：114-119.

[42] 雷斯尼克.终身幼儿园 [M].赵昱鲲，王婉，译.杭州：浙江教育出版社，2018.

[43] 张莉.基于项目式学习（PBL）的幼儿园课程：核心理念与实施路径 [J] 课程与教学，2020，（06）：36.

[44] 伊列雷斯.我们如何学习：全视角学习理论 [M].孙玫璐，译.北京：教育科学出版社，2018.

[45] 杨玉霜，姜付高.基于知识图谱的国外露营旅游研究可视化分析 [J].安徽体育科技，2021，（06）.

[46] 任瀚，张怡.新冠疫情冲击下旅游相关研究的进展与展望 [J].资源开发与市场，2022，（02）.

[47] 戴宏，丁华，苟青青，等.陕西省自驾车营地空间结构特征与选址优化 [J].中国公路学报，2018，（11）.

[48] 彭诗茗，王欣，蔡凤.国内外露营旅游研究综述 [J].旅游纵览（下半月），2017，（04）.